应向花园安放灵魂

从自然到自我的追寻之旅

PHILOSOPHY IN THE GARDEN

［澳］

达蒙·扬

（DAMON YOUNG）

著

王巧俐 —— 译

四川文艺出版社

图书在版编目（CIP）数据

应向花园安放灵魂 /（澳）达蒙·扬著；王巧俐译
. -- 成都：四川文艺出版社，2021.3（2021.8重印）
ISBN 978-7-5411-5862-9

Ⅰ . ①应… Ⅱ . ①达… ②王… Ⅲ . ①哲学—通俗读
物 Ⅳ . ①B0-49

中国版本图书馆CIP数据核字(2020)第256122号

Published by arrangement with Zeitgeist Media Group Literary Agency, through The Grayhawk Agency Ltd.

Copyright © Damon Young 2012, 2019

Simplified Chinese edition © 2021 by United Sky (Beijing)New Media Co., Ltd.

著作权合同登记号 图进字：21-2020-382

YINGXIANG HUAYUAN ANFANG LINGHUN

应向花园安放灵魂

[澳] 达蒙·扬 著

王巧俐 译

出 品 人	张庆宁
选题策划	联合天际
责任编辑	邓　敏
特约编辑	王　微　何　川
封面设计	千巨万工作室
责任校对	汪　平

关注未读好书

出　　版	四川文艺出版社（成都市槐树街2号）
网　　址	www.scwys.com
发　　行	未读（天津）文化传媒有限公司
电　　话	028-86259287（发行部）　028-86259303（编辑部）
传　　真	028-86259306
印　　刷	三河市冀华印务有限公司

成品尺寸	146mm×210mm	开　本	32开
印　张	8.5	字　数	160千字
版　次	2021年3月第一版　2021年8月第二次印刷		
书　号	978-7-5411-5862-9		
定　价	68.00元		

未读 CLUB
会员服务平台

版权所有·侵权必究。如有质量问题，请与图书销售中心联系调换。
电话：010-82069336　010-52435752

目录

第一章

亚里士多德：诞生于户外的哲学

大自然的每一个领域都美妙绝伦……

——亚里士多德《论动物》

亚里士多德是鼎鼎有名的时尚潮人。据古罗马传记作家第欧根尼·拉尔修所言，这位科学哲学之父时髦地咬着舌头说话[1]，并以夸张的服饰闻名天下。在世人眼里，他就是锦衣玉食的大都市人，而他与马其顿王室的密切关系更加深了这种印象。从历史上看，这种印象很合理，正如亚里士多德本人所说，哲学兴起于富庶的大都市，为文雅的上层人士提供了交谈与写作的闲情雅趣。不过，亚里士多德的学校不在马其顿王宫，不在雅典声望颇高的郊区（如凯拉米科斯），也不在繁忙的集市，这位哲学家更喜欢在园林里发表著名演讲。

亚里士多德的学府名叫吕刻昂学园，这个名字源于他租用的校舍所在的那片绿林。学园位于城市东郊，供奉的是宙斯之子、狼神阿波罗·吕刻俄斯。学园里有人行道、跑道、更

---

[1] 据说亚里士多德患有口吃的毛病。——译者注，下同

衣室、角斗场、神庙和"斯多亚"（柱廊，一种遮风避雨的场所）。这是一所集体育、宗教、政治和哲学功能于一身的综合性学校，可举行阅兵式和祭祀礼。亚里士多德和学生在柱廊下一边散步，一边上课，他们因此被称为"漫步学派"。他的吕刻昂学园里还有世界上第一座植物园（可能是归马其顿王室所有），显然这座植物园为亚里士多德已失传的《论植物》提供了灵感。在这一点上，亚里士多德效仿了他的老师柏拉图，后者的学园也建在一片祭祀林里，也是一边散步一边教学。（剧作家亚历克西斯开玩笑道："我经常想不通问题，也像柏拉图似的走来走去，可结果只是累坏两条腿罢了。"）这种对花园的热爱渗透于古典哲学当中。亚里士多德的学生、继承者提奥夫拉斯图斯写了第一部植物学专著，并将吕刻昂学园留给了他的同僚，"他们可能希望在这个熟悉、友好的氛围中学习哲学和文学"。此后的二百多年，吕刻昂学园和柏拉图学园一直是地中海知识分子生活的中心。伊壁鸠鲁是柏拉图和亚里士多德的希腊主义批评家之一，他蛰居雅典家中，过着简朴宁静的生活（也许带着点酸葡萄心理）。他的学园被称为"花园"，这是他心中独立的象征，也是实现独立的手段。普菲力欧斯引用伊壁鸠鲁的话说："追随自然的人，总能自给自足。"罗马的文人雅士也将花园作为学习和交谈的场所，此举往往是在向他们的希腊前辈致敬。西塞罗被罢免公职后写到，要在自己的塔斯库

姆别墅里建一所"学园"。西塞罗和他的学生们一边在户外散步一边工作，记录了观察植物生长的雅趣。在《论老年》中，西塞罗笔下的加图说："我非常喜欢观察大自然在蔬菜生长过程中所展现的力量。"古典时代末期，距亚里士多德开设学园七百多年时，柏拉图式的神学家奥古斯丁在某座花园里皈依基督教。他在《忏悔录》中写道："我躺在一棵无花果树下，尽情让泪水夺眶而出。"哲学往往产生在户外。

之所以这样，原因有很多。显然，花园是一座抵御烦扰的堡垒，而哲学则是一种社交性的追求，在社会关系的土壤中茁壮成长。然而，过多的刺激会导致疯狂，而非沉思。即便在古希腊时期，城市也是熙来攘往、难得宁静的。雅典的街道弯曲狭窄，从早到晚都有人走来走去（往往是在宴会上喝得酩酊大醉，跌跌撞撞地回家）。马车整日隆隆驶过，如果喜剧作家阿里斯托芬所言不虚，那时的马路简直就是垃圾场，人们随地小便，到处都是便壶里倒出来的排泄物。[1]但是，雅典人回到家里也没法远离嘈杂，因为他们往往与驴子、山羊和其他牲畜同处一室。吕刻昂学园让亚里士多德和他的学生远离了城市生活的喧闹，专注于逻辑和形而上学的精华。

古希腊人也是热爱体育的民族，对他们来说，学习并不是

---

[1]　古希腊人使用完便壶后，常常直接倒向窗外。

久坐不动。最早的学校就是用于短跑和摔跤等运动的体育馆。公园是他们伸展双腿、收缩肌肉的地方。正如苏格拉底所说，园艺本身就是一种锻炼。在色诺芬的《经济论》中，苏格拉底说："最富有的人也离不开农业，因为从某种意义上说，农业是一种享乐，也是一个自由民常见的增加财产和锻炼身体的手段。"

亚里士多德和他的许多学生一样，是一个经验主义哲学家。就是说，他并不满足于理论，而是渴望确凿的证据。他在《论生灭》一书中写道："那些沉迷于抽象讨论而忽视事实的人，只凭少许观察，很容易走向教条主义。"因此，他建立了一座植物园，并在国外考察学习。他在生物分类方面的研究非常详尽，一千年后仍然无人能及，以至于达尔文说："伟大的分类学家林奈和居维叶不过是老亚里士多德的徒子徒孙罢了。"在这位哲学家看来，吕刻昂学园更像哲学素材的一个固定来源，是进行动物解剖、分析和综合、演讲的地方，融实地考察和实验室演示于一身。

1. 自然和第二自然

哲学的"户外"传统的形成，还有更多思想层面上的原因。花园，不仅仅是休憩或体育锻炼的场所，其本身就能激发人的思想，因为它融合了两个基本的哲学原理：人性与自然。

"花园" garden 一词，本身就有这样的内涵，在德语和罗曼语族[1]里，花园的同源词 garten、jardin、giardino 也包含同样的意思。跟英语中的 "garden" 一样，这些词都有 "围场" 的意思，而围场需要两个因素：一是被人圈起来的东西（自然）；二是做出这一动作的人（人性）。从吕刻昂这样的用于宗教祭祀的园林开始，每座花园都是这样的结合体 —— 人类对自然进行了切割、包围和改造。

正是人与自然的这种鲜明融合让花园变得独特。人类一直在激进地改造自然，正如亚里士多德所言，这就是技艺的定义 —— 实现自然界中无法自我实现的可能性。但是在艺术和制造业中，自然与人性的贡献与结合往往是看不见的。例如，树木变成木材，矿石变成金属，浮游动物和藻类变成石油而后又成为塑料 —— 它们源于自然，但又不再 "自然"。大自然被当成蛮荒、疾病、神秘的象征和遥远的 "他者"。同时，人类的劳动也是无形的 —— 我们看到的是产品和服务，但不一定是生产者。花园克服了这种双重的异化，呈现了人与自然的结合。植物还是植物，石头还是石头，但它们经过了巧妙的安排、栽培与维护。在这一点上，它们展示了我们与自然的独特

---

[1] 罗曼语族，又称拉丁语族，属于印欧语系，包括法语、意大利语、西班牙语、葡萄牙语、加泰罗尼亚语、加里西亚语、罗马尼亚语、罗曼什语等。

关系——我们在外观和思想上对自然的改造。在花园里，这个通常被隐藏或遗忘的现实变成了引人注目的景观：一场表演、一种展示、一份呈现。用亚里士多德的话来说，这种原始的关系就是在花园中得以实现的那个可能性，它展示了我们的身心与自然之间相互依存的关系。花园使人性化的自然变得清晰可见且可以理解——这是一种可以让人看到、感受到并产生思考的融合。

人性与自然这两个基本原理，在哲学上颇有挑战性，它们要求人们不断反思，因为对这两个概念都没有一个终极解释。譬如，"自然"，一个寻常无奇的词，它太平常，以至于常常掩盖了丰富多元的内涵。自然可以指整个现实，也可以指物质和物理法则，还可以指生命，更可以指令人舒适和习以为常的事物。然而，即便从最广义上看，自然也是难以捉摸、反复无常的。早在亚里士多德出生前一百年，哲学家赫拉克利特就说过，"自然隐藏自己"。physis 是希腊语的"自然"，这个词根保留在我们所知的"物理学"（physics）、"物理的"（physical）、"医生"（physician）等词中。自然之所以"隐藏自己"，因为人是一种寻求意义的动物，而其实宇宙本身没有意义。谈论"法则"会误导人，因为这仿佛是说有一个"宇宙的立法者"来解释、再阐释万物的运作方式。自然自有其模式、节奏和规律，哲学家阿尔弗雷德·诺斯·怀特海称之为"临时习惯"。但是，自然既没有法则，也没有立法者；自然如是存在。相比之下，我们人类总是有意无意地对"如是存在"抱有某种立场。

例如，亚里士多德就把自然看作一种有机体，永远处在生长和运动中；柏拉图眼中的自然是一幅神圣的蓝图；伊壁鸠鲁的自然则是原子间的随机碰撞。这样一来，自然就成了一块吸收各种阐释的哲学海绵。它从来不完美，因为每一种解释都是片面的、间接的，而且总有一些东西，我们无法将其概念化。在某种程度上，德国哲学家海德格尔在赫拉克利特自然论的启发下，将人类的现实描述为 Lichtung，意为"照明"。海德格尔选择了一个具有乡野气息的隐喻，这是他的常见做法，透露出他十足的反现代性特色，但这个比喻也很贴切。作为 Physis，自然在我们面前显形，就像黑暗的森林中一块被照亮的空地。但黑暗始终存在，自然的许多方面都让我们难以感知和界定。现实不是一套精确的公理或数学运算，它更像一种原始的循环往复：自然既揭示又隐藏，既邂逅又遗忘，既创造又毁灭。什么是自然？什么是自然的"如是存在"？皆无定论。

正因为如此，人类本身也是一个谜。我们的存在是神秘的，因为人类的本性不具有普遍性和永恒性，我们自身就难以捉摸。不仅有天性，还有习性——前者源于天生，后者来自塑造。然而，人性究竟是什么样，常常难以言明，更无法预知。这就是斯芬克斯谜语没有说清楚的地方，也是雅典最杰出的悲剧之一、索福克勒斯的《俄狄浦斯王》的预设前提。斯芬克斯的谜语是："哪一种动物早晨四条腿走路，中午两条腿走路，晚上三条腿走路？"答案是"人"。这个答案看似简单，实则另有深意。人类延续不绝，也在不断变化。作为个体和社会存在，我们人是创作未完成的作品，我们有着新的视角和轨迹，而这一切，几乎从未完全清楚地呈现出来。可怜的俄狄浦斯，拥有过人的智慧，却很不幸，无法看清自己。学者罗伯托·卡拉索在《卡德摩斯与哈耳摩尼亚的婚姻》一书中说："斯芬克斯表达了人类那难以理解的本性，这种难以捉摸、形式多样的存在，其定义也一定是难以捉摸、形式多样的。俄狄浦斯被带到斯芬克斯跟前，破解了斯芬克斯之谜，但他自己也成了一个谜。"这是一个颇具现代性的结论，呼应了尼采、海德格尔和萨特的观点。但是这种怀疑在亚里士多德之前就产生了，并且古希腊戏剧比哲学更有力地表达了这种怀疑：人性是持续存在的问题，而非答案。

自然与人性，这些谜语在花园里融为一体。正因如此，花园具有一些特殊的哲学价值。它能为宇宙学和存在主义的思想提供物质基础，也能被人们赋予历史价值、政治思想以及家庭生活的节奏。花园是人性化的自然。但我们也瞥见了某些超越自身的东西：一个冷酷的、不假思索的宇宙，让人不可理解。它外在于我们，存在于植物的"隐秘生活"中，亚里士多德如此言之凿凿地说。可是，它也同时内在于我们，人类本能与习惯中那朦胧而盲目的力量，将自然引入人类的心灵，成为心灵的必需。同样重要的是，花园也将这一点展现得淋漓尽致。尽管亚里士多德有过种种推测假想，但他认识到人类是寻求象征的动物，往往受外物启发产生思想，借有形之物表达思想，尤其是当这些思想被赋予某种有机的、原始的形式（比如植物、石头）之后。花园赋予了基本概念重要的活力和深深的吸引力。

这种思想和感官上的丰富内涵，是花园至今仍带有神圣气息的原因。许多宗教建筑都有附属的或相邻的花园，从吕刻昂的狼神庙到佛教寺院，再到中世纪大教堂。但这些只是一些最突出的例子。花园不算严格意义上的神学产物或精神产物，它植根于更基本的冲动——对一部分景观进行切割、雕琢，使之显露于世。这一点从"神圣"（sacred）一词的词源可以看出，它源于印欧语族的 sak，意为分离、划界、划分。"神圣"的反面不是"世俗"，而是"平常"。由此看来，花园是最初的神圣之地，其前身就是吕刻昂学园那样的树林——一个与纯粹的自然或人类活动隔离的区域，但它又明确地将两者合二为一。虽然花园是彻底的世俗之物，但它的围墙、栅栏、沟渠或树篱，象征着它脱离了"平常感"。换句话说，花园是来自哲学的邀约。

2. 虔敬与冲突

这份邀约不仅仅面向专业哲学家，因为思考并不是终身学者的专利。从古希腊开始，哲学就有着悠久的"业余传统"。这种传统在文学、诗歌和艺术领域中根深叶茂，也在哲学论坛里欣欣向荣。哲学不必有大学，而是大学（在理性状态下）能恰好满足人们社交与独处的两种需要。就像在亚里士多德的吕刻昂学园，花园是心灵生活的伴侣。在美学上，花园迎合了人们不同的品位：艳丽多彩或淡雅柔和、几何规整或蜿蜒曲折、喧嚣热闹或清冷寂静。更重要的是，在一个加速前进、充满过度刺激和干扰的现代社会，花园能给人一个放慢脚步、仔细观看并大胆思考的机会，它是治疗分心的一剂良药。亚里士多德在《形而上学》中写道："人类还在凭技术与理智生活。"[1]两千多年过去，花园依然是二者难能可贵的保留地。

花园可以是美丽的，有时美得令人窒息。花园可给予人慰藉与平静，让人精神抖擞，也可让人懊恼与愤怒，而这，往往就是花园的哲学价值。尽管花园拥有一些共同的主题——有序与无序、成长与衰败、意识与无意识、静与动——但花园也揭示了某种冲突：每一种文明以及每一种思想中的观念冲突。因此，花园的故事涉及各色人等及种种彼此龃龉的感受。

---

[1] 译文转引自吴寿彭译《形而上学》，商务印书馆，1997 年版。

简·奥斯汀在她的农舍花园里寻找完全的慰藉；天寒地冻中，伦纳德·伍尔夫的苹果树却体现了世界的危险与野蛮。马歇尔·普鲁斯特蜗居在霉味和厕所味熏人的卧室里，对他来说，那三棵盆栽象征着对逝水年华的追寻；尼采的意大利思考树，给了这位病态哲学家力量和勇气——忘记过去，继续创造和毁灭。丑闻缠身的法国女作家科莱特在面对玫瑰的沉思中获得了平静；一代人后，她的同胞、流连于咖啡馆的萨特，描述了一棵栗树引发的恶心——那是振奋了一代人的存在主义呐喊。就这样，透过花园，不同的哲学立场变得更加鲜明，也更加深入人心。亚里士多德在《尼各马可伦理学》中写道："虔敬，要求我们尊重真理甚于尊重朋友。"本着这种精神，这本书并不是一场关于"伟大花园"的巡礼，而是对伟大心灵及其所爱的、所恶的花园的巡礼。这不是一本哲学书，而是一本关于哲学生活的侧写，这样的生活赐予我们的，是一份日渐亲密的关系——关于我们与自然、人性以及与这两者的奇妙结合体：花园。

第二章

简·奥斯汀：乔顿农庄的慰藉

在花园里，我非常健康，也能做许多事情。

——简·奥斯汀致安娜·奥斯汀的信，1814 年 6 月

让我们享受这奢侈的寂静吧。

——埃德蒙·贝特伦，《曼斯菲尔德庄园》

1811 年，东汉普郡五月的清晨，简·奥斯汀家的奥尔良李树正含苞待放。借着她的书信和亲人的回忆录，我想象出这样一幅画面：这位作家坐在她最喜爱的地方 —— 靠近农庄大门的一张胡桃木小多边桌旁，在一小沓稿纸上写作。一听到"吱呀"的开门声，她就迅速地收起了稿纸。这天，她的家人难得能给她一份清净，甚至安静。她娟秀的字迹涂满了一页又一页稿纸。她用笔蘸蘸墨水，执笔沉吟，草草写几笔又划掉、涂抹，然后再蘸蘸墨水。她写得很快，因为没有多少空闲。她全神贯注，因为平时没有一间安静的书房。她时不时地放下羽毛笔，构思关于范妮·普莱斯因为花花公子亨利·克劳福德浑身颤抖的场景，或者为不道德的情节而烦恼。然后，她又提笔写了起来。最后，做饭、洒扫和说话声过于嘈杂，小说的情节令人恼火，锅子叮当作响，仆人们喋喋不休，她的眼睛也疼。够了。奥斯汀把笔放进墨水池，朝乔顿农庄的花园走去。

这是远离拥挤餐厅的短暂小憩。这里的空气更清新，光照更充足，可以自由漫步。奥斯汀在信中写到了山梅花明亮的白色花瓣和浓郁香气。刚刚从亚洲引进的牡丹又盛开了。还有奥斯汀没看到的、满心期待的：香石竹和美洲石竹，耧斗菜和胖胖的李子。她慢慢地走着，仔细地观察，深呼吸。但不会太久，奥斯汀下午还有家务活儿要干，而且她未完成的手稿还在餐厅里向她招手呢。待她迈着特有的干练步伐回到室内，她已享足了花园的美好。奥斯汀又回到了那张小小的工作台前，让她抖擞起来的不是书本，也不是家长里短的闲话（尽管这二者都不缺），而是在乔顿农庄的果树、修整过的草坪和异域花草间获得的短暂休憩。

在这些工作习惯的陪伴下，简·奥斯汀在约四年中写出了她最后的三本小说，这是英国文学中最受欢迎的三部：《曼斯菲尔德庄园》《爱玛》《劝导》。尽管疾病缠身、家务繁重，自己还被卷进了令人爱恨交加的家庭关系，但奥斯汀在这张小小的工作台上笔耕不辍，创造出了一个个精彩绝伦的角色。

1. 白光

奥斯汀并不总是那么多产，没有花园，她的写作就会受到影响。1800 年 12 月，也就是奥斯汀二十五岁生日的那个月，她基本停止了写作，这一停就是十年。当然，她也写信，也许写了几千封书信，即便我们现在能看到的寥寥可数，可她几乎没碰过小说。她把《苏珊》卖给了一个目光短浅的出版商，却一直被搁置未出（买版权只花了 10 英镑）。她试图写一部新的作品《沃森一家》，但这个阴郁、痛苦的故事最终未能完成。从 1800 年到 1809 年，奥斯汀的作品忽然从公众和私人的记录中消失了。在这段时间，这位被文学评论家 F. R. 利维斯称为"第一位现代小说家"的女子，几乎没有写一个字。

奥斯汀的沉寂与一个地名有关：巴斯。1800 年 12 月，奥斯汀年迈的父母退休，乔治·奥斯汀牧师夫妇与他们未出嫁的女儿卡桑德拉和简移居西海岸的巴斯。巴斯曾是古罗马人的度假胜地，当时已属于英国。乔治时代风格的巴斯，是一个全新的、时尚的温泉度假胜地。贵族和富人在那里度假，让自己沉浸在大海、温泉和闲言碎语中。从建筑学和考古学的角度来看，这座城市的确激动人心。紧挨着宏伟的新兴酒店和商店的就是古罗马遗迹和艺术珍品，全都用当地出产的石料打造而成。巴斯的城市便利设施与乡村之美相得益彰，在这里，到处都能愉悦地漫步，值得一逛的有普赖尔公园及帕拉第奥拱桥，还有莽莽荒野。约翰逊博士[1]的传记作者、著名酒鬼詹

---

[1]　即塞缪尔·约翰逊，18 世纪中后期英国文坛领袖，编著有《莎士比亚集》(1765)。

姆斯·鲍斯韦尔写道："巴斯是世上最美妙的地方，你在这里毫不费力就可享受到社交和散步的乐趣，而不会觉得疲劳。"在很多人看来，巴斯是一个充满活力的美丽城市，它提供了所有现代化的舒适生活和娱乐方式，又不像伦敦那样脏乱无序。

作为一名游客，简·奥斯汀也许会喜欢这里，可长住下来，她心里是厌恶的。即使在阳光明媚的时候，她也觉得此处毫无美感。"第一眼见到巴斯，天气晴好，可它并没有满足我的期待。"移居巴斯的第一年，她写信告诉姐姐，"我想，在雨中会看得更清楚些。"她不喜欢这里无休无止的舞会和聚会，不喜欢这里的轻佻氛围和保守做派（她在《劝导》中戏言其为"白光"）。

即便巴斯安逸闲适，可终究缺了一样东西：它不是那个有着自家花园的汉普郡乡间小镇，不是生她养她、在那里撰写了前三部小说的斯蒂文顿。除了两次短暂而痛苦的离校经历，奥斯汀在斯蒂文顿居住了二十五年，换句话说，她的一辈子几乎都在那儿了。斯蒂文顿是一个农田包围的小村庄，有约三十户人家，当然还有成群的鸡、牛、马、羊和猪。简的父亲乔治是牧师，也是当地许多男孩（包括简的五个兄弟）的老师。西行之旅的欢闹和对海边生活的向往让简满怀激动，但也让她怅然若失。

汉普郡并非世外桃源，那里可能非常寒冷、孤寂和乏味。毫无疑问，远离尘世的小村庄也扼制了奥斯汀丰富的想象力。离开之前，她写信给卡桑德拉，提到她对这个村子越来越厌倦，不过这听上去更像她的刻意反讽或夸大其词，而不是真正的抱怨。斯蒂文顿是她的家，也是她优雅生活的原型。那里的亲切轻松和生活节奏对她的身心愉悦至关重要。奥斯汀的传记作家克莱尔·托马林写道："同样的家事、同样的花园散步……同样的声响、同样的寂静，这些重复为她营造了一个安全的环境，让她的想象力任意驰骋。"

　　因此，简·奥斯汀的沉寂一定程度上必然来自一场打击——如此突然、不可避免地离开了自己的舒适圈。她习惯了改变——旅行、生活中突如其来的悲伤，还有父母经济状况的不稳定，这些都是她用她标志性的坚韧来应对的。但斯蒂文顿是一个有形的、熟悉的常数，经过那么多次旅行，那里始终给人一种家的感觉。那里有熟悉的风景、邻居、天气，还有熟悉的散步、拜访和交谈，以及一个地方独有的复杂特性，这一切，是文明现代的巴斯给不了的。奥斯汀一家的新排屋宽敞、舒适，远离喧嚣的市中心。然而，这里不是汉普郡的乡村牧师住宅，这里也没有熟悉的花园供她逃离现实。

　　当奥斯汀忙于旅行、社交、沐浴或扮演"简姑妈"时，她在巴斯不再发声，她的声音留在了斯蒂文顿，而那里很快就被她的大哥詹姆斯和第二任嫂子玛丽（简不太喜欢她）占据了。奥斯汀的信一度生动地描述了她有多么沮丧，甚至抑郁。

2. 南安普顿的丁香

1806 年，奥斯汀与她的寡母和姐姐搬到汉普郡海滨，住进南安普顿城堡广场的新家。她有了自己的花园，迎来了熟悉的能量和创作力的回归。她后期的一些信中除了打趣和拉家常以外，还流露出她对这里风景的热爱。她又回到了自己的地盘上，虽然仍郁郁寡欢，时常愤懑，但至少离她所熟悉的一切更近了。

第二年二月，奥斯汀给卡桑德拉写了一封长信，她希望这封信是有趣、好读的。她在信的末尾写道："虽然手头缺乏材料，但我觉得给你写的这封信很漂亮了。不过，就跟亲爱的约翰逊博士一样，我觉得我处理的更多是概念，而非事实。"当然，信中大部分内容都是她的抱怨。她抱怨卡桑德拉很久没有回南安普顿了；她发现别人有的生孩子了，有的谈恋爱了，但她没有；她吹毛求疵地挑剔买到的鲽鱼，又抱怨市场上买不到鲽鱼；她痛惜英国人遗失了羞怯的天性，变得自大。奥斯汀的信里有一种滑稽的调子，仿佛会冷不丁迸出来一句："你还有鱼吃？真奢侈。我们只能给煤球上面抹盐，美其名曰'鳕鱼'[1]。"

尽管满纸牢骚挖苦，但这封信仍不失为可爱之作。信里有一种巴斯时期的家书中缺乏的静待勃发的生机，一股脑的戏谑，无关讥讽与冷漠，表明她的心境真正发生了转变。信中描绘了城堡广场的花园，这是对简·奥斯汀内心生活的惊鸿一瞥。这里有必要摘录一大段这位"女作家"（她的自称）的文字：

> 我们的花园是由一位品行极好的人打理的，他相貌英俊，而且比前一任园丁要价更低。他说鹅卵石铺道两边的灌木只有多花蔷薇和玫瑰，而且后者还是很平庸的品种，所以我们打算买点更好的品种。应我的特别要求，他给我们弄来了一些丁香。出于库柏诗歌的缘故，我不能没有丁香。我们还谈到了金链花。挡土墙下面清理干净就准备种点醋栗。我还发现了一个地方，特别适合种覆盆子。

在这里，奥斯汀对花园单纯真挚的热爱是持久的，字里行间没有她招牌式的反讽和尖刻评判。她谈及丁香抑或山梅花，轻松地把威廉·库柏的诗歌（"繁茂的金链花／如流淌的黄金，象牙白的是丁香"）嫁接到自己欢乐的后院里。她的笔调轻松

---

[1] 煤球的英语为 coal，鳕鱼为 cod，这里取一个谐音。

愉悦，毫不复杂，当她写到城堡广场因"城中最美的花园"而闻名时，那种自豪跃然于纸上，触手可及。

　　这种轻松愉悦的语气，在奥斯汀日后的书信中又回来了。那是在乔顿农庄——奥斯汀晚年的家，她在那里写下了最后几部小说。在搬进去之前，奥斯汀还没见到那所房子的时候，她写信向哥哥打听庭院的样子，她问："那里的菜园什么样？"她把家务事与自己的爱好结合起来。在他们搬进去之前，还谈到要修剪草坪。1811年春末，奥斯汀一安顿好，就写信给身在肯特的卡桑德拉，向她描述了一番汉普郡的生活。除了新生的孩子、疾病、有争议的婚姻和天气，奥斯汀还描绘了在花园里看到的变化。花朵正在盛开，可是卡桑德拉从肯特郡带来的木樨草却是一副惨状（简常常跟她姐姐比较，一部分原因是对姐姐的想念，另一部分原因则可能是她对自己的园艺才能自鸣得意）。李子正在生长，库柏的丁香花——在南安普顿与乔顿都种上了——正在吐蕊。奥斯汀描绘了一幅迷人的英格兰乡下花园的画面。"冷杉树下，我们新种的牡丹已经盛开，漂亮极了，"她写道，"除了已经开花的耧斗菜，整个灌木丛很快就会开满香石竹和美洲石竹，娇艳无比。"然后，奥斯汀又把话头转到家人旅行、健康问题和春天的暴风雪上去了。

　　三年后，在伦敦，奥斯汀待在哥哥亨利的家中，再度沉浸在花园里。1813年，汉斯广场所在地段属于伦敦郊区，但几乎没有乡野气息，那里有宽敞的住宅、上等学校，还有时尚的花园，而且步行就可抵达市中心（简常常散步去购物）。亨利·奥斯汀的家并非豪宅，但也足够宽敞了（那时他已是一名阔绰的银行家了）。他的妹妹称赞了这栋房子的宽敞和温馨，接着说："花园真是美极了。"

与奥斯汀的大部分私人生活一样，这个细节仅仅是个暗示，让我们看到某些更深层的偏好和愉悦。我们很难评估她的快乐有多少是由搬离巴斯带来的——与其说她的欢乐是在某个地方，还不如说是不在某处。无论如何，作为一名读者，看到简·奥斯汀毫不掩饰的快乐自然十分欣慰。尽管生活中充满各种变数，人生自有其基调——各种为岁月增色的旋律与格调。至于简·奥斯汀待在巴斯时的心境，就像小时候上寄宿学校一样，带着无奈与不满，但在城堡广场、汉斯广场以及乔顿农庄的花园里，奥斯汀似乎再也不必压抑她的感受和想象力了。

正因为如此，她对乔顿农庄的山梅花和金链花的一番说道才那么引人注意。在她一直以来对沮丧心情和家务事的记录中，这是一个乐观的注脚。当我们读到简把她姐姐那盆挨冻的盆栽搬进舒适的餐厅时，我们可以看到安静的居家享受，看到塑造日常生活的姿态和节奏。我们知道，她正把这些家常的园艺爱好与她最初的热爱——写作结合在一起。这是奥斯汀生活中最重要的事情。她热爱写作，但她也认为花园对她的身心健康至关重要。花园让她精神焕发，并帮助她成为一名多产作家，可是，这是怎么做到的呢？

3. 心慌意乱

从她的小说开始聊是个不错的选择。不过，我得提前跟读者声明一点：奥斯汀并不是她笔下的女主角，也不是沃尔特·司各特爵士在这些角色身上看到的"年轻小姐"。把作家与角色混为一谈确实省事，尤其是这样聪明、未婚、钱不多的女性，但奥斯汀一生出版了六部小说，她的女主角没有一个能与作者简单地画上等号。奥斯汀有伊丽莎白的刻薄，却没有她的大胆；有埃琳诺的理智，却没有她的过度谨慎；有凯瑟琳对文学的热爱，却没有她的哥特式趣味；有范妮的虔诚，却没有她的刻板；有爱玛对做媒的好奇，却没有她的自命不凡；有安妮的孤独，却没有收获爱情。总而言之，奥斯汀并没把自己当成一个简单、现成的短语或段落，塞进《傲慢与偏见》或《劝导》当中。

不过这些角色的确从生活中来——不是从原始或现成的生活中来，而是对生活的矿藏进行了一番开采、提纯和打磨所得。她不是安妮·艾略特，没有虚荣的男爵父亲也没有乏味的姐姐，但是她对安妮的生活感同身受，足以想象安妮的压抑、失望、骄傲和厌倦。其他小说也是如此，它们就是奥斯汀的经历，只是经过了一番巧妙的改头换面。从她的小说进入很有帮助，因为它提醒我们，这位深居简出的作家，连同她许多付之一炬的书信，其真容仍可在其小说中得以瞥见。她的小说隐晦地传达出渗透在她写作和生活中的思想，包括她对乔顿花园的热爱。

《傲慢与偏见》这部世界上最受欢迎的小说之一，就是一个很好的例子。简在二十二岁时完成了小说《初次印象》的初稿。她当时对那部作品的看法我们不得而知，或许信心十足，但我们所知甚少。十五年后的 1813 年 1 月，这部作品由出版商托马斯·埃杰顿出版，奥斯汀心中百感交集。跟大多数奥斯汀迷一样，她自己也很喜欢女主角伊丽莎白·贝内特。奥斯汀在小说出版时对姐姐卡桑德拉说："我觉得她就是有史以来最讨人喜欢的书中角色，我真不知道，我要怎样才能容忍那些不爱她的人。"不过，她却对整部书的成就不太乐观。她承认它的轻松活泼和迷人之处，却觉得它不够严肃，缺乏对照。她对姐姐说："作品太轻巧明快了。"尽管如此，她仍然认为这本书值得出版，即使她没有署自己的名字（署名是"一位女士"），这本书也是属于她的，包括缺点。

身为一个二十多岁、初出茅庐的作家，奥斯汀并不知道《傲慢与偏见》有朝一日会成为最受欢迎的英语小说之一。它在联合国教科文组织世界读书日的必读书单上位居第一，也是许多出版商的稳定摇钱树。2002 年，奥斯汀作品的销量超过了畅销书作家约翰·格里森姆的作品。1901 年，美国作家威廉·迪恩·豪威尔斯的评语，今天看来依然不过时，他在《时尚芭莎》杂志上说："近年来，阅读《傲慢与偏见》越发成为一种时尚。简·奥斯汀的读者们，包括我都是她的崇拜者，她是一种激情、一种信仰，甚至一种宗教。"（摘自理查德·道金斯未出版的书《奥斯汀谬见》。）

这本书的魅力经久不衰有许多原因：女主角的机智诙谐、漫画式的夸张效果、优雅的散文体、伊丽莎白·贝内特和菲茨威廉·达西矛盾重重又受挫的爱情，再加上如今人们对高帽子、浓密的鬓角和高腰连衣裙的着迷。《傲慢与偏见》缺乏细腻的心理描写，但作为一部讽刺小说、一个爱情故事和一部偶尔生动的礼仪侧写，它的的确确非常出色。

《傲慢与偏见》的出彩，一部分归功于小说精心编排的场景，这些场景为故事提供了戏剧性的转折点，譬如梅里顿的舞会、达西先生的初次求婚，以及伊丽莎白与凯瑟琳·德-包尔夫人的对峙。其中最引人注目的是伊丽莎白的彭伯利之行。彭伯利是达西先生的家（众所周知，这就是电视剧版中科林·费斯穿着湿衬衫出现的地方）。尤其是豪宅花园——伊丽莎白的舅母加德纳夫人称赞那庭院景色实在宜人——它让伊丽莎白不禁陷入了沉思。

这个故事对所有奥斯汀迷来说如数家珍，但更值得关注的是其中细节。在德比郡一个晴朗的下午，伊丽莎白·贝内特兴奋激动又忧心忡忡。这位年轻的乡下姑娘和她的舅父舅母坐在一辆敞篷马车上，正赶往达西家族的彭伯利豪宅。她假装对这次出游漠不关心。这时还没有人知道达西先生笨拙的求婚，所以舅父舅母不知道她的"心慌意乱"。她一直在故作镇定。达西富有、聪明、英俊、高贵，但他的骄傲和对她家世的蔑视，毫不意外地激怒了她。他对她的容貌不屑一顾，并且用自以为是的求婚来羞辱她。他气愤地说："难道你指望我会为你那些卑贱的亲戚而欢欣鼓舞吗？"更糟的是，他还横加干涉，威胁到她姐姐的幸福。对于伊丽莎白和她的家人来说，这位达西先生真是个自命不凡的榆木脑袋。

可是伊丽莎白的想法一点一点地改变了。就在她骂他"傲慢无礼"的时候，她渐渐地喜欢上了他。他诚实、直率，而且，她很快就发现，他是真的善良。他俩都敏捷机智、能言善辩、鄙视粗俗。尽管她心有疑虑，但还是动心了。她当然不想碰到他，她就像一个在他的庄园里闲逛的游客（"她一想到这儿就羞红了脸"）。但他外出时，她就可以自在地四处游荡，而不必担心出现尴尬的场面，她就是这么想的。随着他们渐渐接近彭伯利，贝内特小姐屏住了呼吸，他们的马车缓缓驶入树林。

他们驱车上山，在高大的橡树和榆树的掩映下行驶了好长时间。我想，这些树林该有几百年了，树身高大，枝繁叶茂（"一座深邃辽阔的美丽树林"）。林中凉爽宜人，也许树叶间还洒下了斑驳的阳光，时不时可以从林中瞥见经典的景致：清新洁净的草坪与湖水，或一座新古典主义建筑。他们行驶了很久，到达树林茂密的山顶，在一片空地上停了下来。这里真是美得令人窒息，伊丽莎白跟舅妈一样，高兴极了。彭伯利庄园屹立在一条溪流对面的高地上，背靠树木葱茏的山岗。池塘里，鱼儿嬉戏，天鹅在水面上游动。这里的地势高低起伏，有天然之趣，但又比自然多了一分精巧、高贵和宁静。奥斯汀写道："她从没见过一个如此天趣盎然的地方，它的美姿，丝毫没沾染庸俗趣味。"这在一定程度上改变了女主角对达西的看法，透过这些花园，她看到达西豁达而丰富的内心。当她被它的美和突如其来的情感触动时，她的内心宁静澄澈，豁然开朗。奥斯汀写道："在那一刻，她觉得，做彭伯利庄园的主妇也很不错呢！"

这是一个精彩的故事，而且奥斯汀出色地处理了戏剧冲突，但更重要的是作者的隐身。考虑到伊丽莎白的伶牙俐齿和有话直说的作风，我们也许认为女主角会来上一段独白，以详尽的细节对彭伯利庄园大加赞赏。当然，伊丽莎白跟奥斯汀一样，都不是什么浪漫主义者。可是，这就是伊丽莎白·贝内特满怀激动的彭伯利庄园观后感吗？确定不来一段激情澎湃的说辞？

是的，一句也没有。尽管伊丽莎白像奥斯汀说的那样"心慌意乱"，但她还是缄口不言。她的沉默并非作者的任性妄为，也不是随意添加的细节。没有什么比这更聪明地呈现了《傲慢与偏见》中头号傻瓜科林斯先生的角色塑造了。伊丽莎白那位装腔作势的表兄也喜爱花园。这位新婚的牧师，对自己的牧师住宅扬扬得意，夸耀它是多么整洁，离他女恩主的地产有多近，庭院打理得多么井井有条，但他并没有默默享受，而是扯开嗓子长篇大论地卖弄显摆。他可不愿闭嘴，他数了他的树林，走遍了花园的小道，详述每一个园艺设计的细节。奥斯汀写道："每指点一处景物，都要琐碎地絮叨半天，以至于花园之美完全被抛诸脑后了。"他急切地想让大家称赞他花了很多时间打理的花园（"打理花园是他最高雅的乐趣之一"）。在这里，花园成了科林斯的代言人，诉说着他的野心和追求。就像作者所说，它"很宽敞，设计也很别致"。但科林斯的喋喋不休冲淡了花园的美，就像这位牧师的虚荣浮夸和逢迎谄媚掩盖了他的优良品质。尽管科林斯受过牛津剑桥的大学教育，而且在社区也很有名气，但是他的一通废话削弱了他的园艺成就，还让他看起来像个白痴。

女主角的沉默和牧师的聒噪形成了鲜明对比，借此，奥斯汀给了读者一个有趣的暗示，那就是她那带有哲学意味的园艺爱好。这就是默默沉思的简，她在城堡广场和乔顿农庄俯身照料鲜花，她一丝不苟地重新摆放盆栽，订购库柏笔下的金链花，采摘醋栗。这种爱好的特点是安静的劳作和遐思，而非八卦或者家务琐事。奥斯汀显然认为这样的沉默弥足珍贵。

4. 唯一永不犯错的"教皇"

要更好地理解女主角在彭伯利庄园里的沉默，最好多了解一点奥斯汀的哲学观以及启发过她的观点和思潮。这名小说家并非学者或评论家，但她是一位出色的读者。尽管奥斯汀被评论家轻视为一名"女作家"（往往被归为言情小说家），可她熟读各种学术作品。奥斯汀没有引用罗伯特·亨利的《英国史》，但仅凭这一点并不能说她对其内容一无所知（这位二十五岁的作家读完此书，跟她姐姐聊天的时候，就立刻显露出自己的博闻强识）。她喜欢读约翰逊博士及其传记作家詹姆斯·鲍斯韦尔，还有约翰逊的搭档、聪明又虚荣的奥利弗·戈德史密斯写的英国史。她还会读布道文，向姐姐称赞一位名叫托马斯·夏洛克的牧师。更令人惊讶的是，我们发现 1813 年奥斯汀对帕斯利上尉的文章《大英帝国的军事政策和机构》进行了评论，称赞其风格诙谐有力。她在乔顿给卡桑德拉写信道："这是第一个令我惊艳的军人。"显然，简·奥斯汀有着过人的阅读品位，涉猎广泛，包括历史、哲学、神学、社会评论和军事。

据哲学家吉尔伯特·赖尔推测，奥斯汀还受到启蒙运动名家托马斯·洛克的赞助人兼学生沙夫茨伯里伯爵四世的影响。沙夫茨伯里的作品受到许多哲学家的影响，尤其是亚里士多德。当然，奥斯汀笔下的人物（其性格充分体现了复杂微妙的善与恶的结合）会让人想起亚里士多德的道德观，而不是她那个时代加尔文派神学家黑白分明的伦理观念（赖尔称他们的道德心理是两极化的）。当然奥斯汀笔下的反面角色也有种种缺陷，但还谈不上邪恶，比如《理智与情感》中年轻时髦的浪荡子威洛比，他软弱、不忠、善变，但还算不上恶人。她的小说中没有绝对的恶人。同样，她笔下的女主角也不是完人，也有一些缺点或错误。从伊丽莎白·贝内特的偏见到爱玛的自以为是，奥斯汀赋予她的女主角们真正微妙、丰富的人性。在奥斯汀眼里，这世上的道德有许多种类型，而不仅仅是二元对立的，比如救赎与诅咒、善与恶、天使与魔鬼。赖尔说，这恰恰是亚里士多德的观点，自他开始到沙夫茨伯里一以贯之。赖尔写道："沙夫茨伯里打开了一扇窗，在 18 世纪，少数作者借此感受到亚里士多德的一缕清风，简·奥斯汀就是其中之一。"简言之，奥斯汀看似简单的小说，受到了她那个时代最杰出的心灵的润泽，包括哲学家、散文家、传记作者和历史学家。

但是，诗人对她也有同样的影响。奥斯汀对正义良善之举的看法，不仅受到了许多自成体系的思想家的影响，还受到了诗歌的影响。赖尔指出，"道德家"这个词"足以涵盖哈奇森或休谟，以及戈德史密斯或蒲柏"。尤其是亚历山大·蒲柏，他可谓18世纪最伟大的英国诗人，也是被引用最多的诗人。现在人们不太读他的作品了，但他的许多诗句都成为家喻户晓的谚语，诸如"一知半解最危险""人皆犯错，宽恕是德"，以及"天使畏惧处，愚人敢闯入"。才华横溢的法国剧作家、斗士伏尔泰也赞赏蒲柏的作品，即便两人都看不惯对方。伏尔泰大度地对一位记者说道："他是英格兰最出色的诗人，也是当今世上最杰出的。"这是一个遭蒲柏白眼的人对他的高度赞扬。如果说蒲柏这位诗人的观点有时不免陈腐老套，可是他的表达却颇为新鲜、利落和犀利。的确，蒲柏在这里坚持自己对"机智"的界定："装点得宜的天然；意中常有，却从未经人道出。"诗人的职责就是赋予平常观念以新颖而令人难忘的表达。

　　有鉴于此，可以毫不夸张地说，蒲柏对18世纪说英语的人都进行了一番思想上的装扮，其中就有简·奥斯汀。跟沙夫茨伯里和奥斯汀一样，亚历山大·蒲柏遵循亚里士多德的传统，比起加尔文主义的灵魂之战，他对丰富的人性更感兴趣。他认为人的性格微妙难言、迥异、善变。虽然每个人都有一种"主导情欲"，但一切都处在变化当中。他在给科伯姆勋爵的信中写道："举止随财富而易，性情因地域有别，教义因典籍不同，原则随时间而变。"因此，奥斯汀在她的两部小说《诺桑觉寺》和《理智与情感》中引用了蒲柏的话，而且在写给卡桑德拉的信中，她说，"他是世上唯一永不犯错的'教皇'"[1]。考虑到蒲柏的天主教背景，这话听上去另有深意。同样在这封信中，奥斯汀还引用了蒲柏的话来展示自己的坚忍，她改写了蒲柏的伦理诗《人论》中的一句话，犀利地说："凡存在的，都是最好的。"[2]

正是蒲柏的"随笔"勾勒出了奥斯汀含混（不是指表达不清）的哲学世界观，像奥斯汀一样，蒲柏的出发点很简单，即"人的无知"。他所说的"无知"，并非指误传或错解，这种无知完全可以通过对事实的核查和研究来克服。蒲柏是在说人类基本的感知和知识的局限。他认为，上帝看到并掌握一切，但我们只能对这个渺小世界的一小部分有所领悟（更不用说整个宇宙了）；我们是机灵、渺小、脆弱且常常犯糊涂的生灵。蒲柏的上帝掌握了整体，而人类只能笨拙地抓住一小部分，比如一小块土地，甚至更渺小的永恒。

————————

[1] 诗人蒲柏的名字 Pope 也有"教皇"的意思，而且他也有天主教背景，此处一语双关。

[2] 蒲柏的原句是："One truth is clear, whatever is, is right." 即："凡存在即合理，这个道理很清楚。"

也许，更重要的是，蒲柏说质疑宇宙是没有意义的。首先，他认为我们的无知使我们无法得到任何详尽的答案。我们对宇宙的理解，就跟一头牛对农夫劳作的理解差不多。我们就像那头牛，无法胜任此事。其次，即使我们奇迹般地掌握了宇宙的全貌，期望任何事情的变化也是愚蠢和徒劳的。蒲柏写道："如果有可能，就得承认，无限的智慧自有其最佳的安排。"简言之，我们拥有最美妙的宇宙。在我们有限的视野中，世界看起来也许丑陋、不公或不合理，但其实它是一个平衡而和谐的系统，有着无比精准的尺度，按上帝的旨意运行。各类鸟、兽、虫都是这首交响乐中的一种乐器，然而，除了这名伟大的乐师之外，无人洞晓这首交响曲的伟大之处。我们想转变我们的角色，这是荒唐而危险的，因为最细微的不和谐或错拍都会毁了这部作品。让我们把宇宙想象成一个精美易碎的音乐盒，里面有无数的齿轮、转轮和弹簧，哪怕是最轻微的损坏，也会让音乐停止。他写道："从自然之链上去掉任何一环，无论是第十环，还是第一万环，都会打断存在之链。"这是一个完美、统一、理性的和谐世界。在蒲柏的世界中，一切存在都是理应如此、必然如此。

对诗人来说，就有了一则明确的道德训诫：不要再胡思乱想，不要再悲伤哀叹，继续生活吧。当然，我们可能会抱怨贫穷的生活，或因受到轻慢而发怒；我们可能会懊悔错失良机，也会对未来担惊受怕。但总体而言，我们确实拥有了应有的权力、职权和能力，而且，世界上的各种力量都处在竞争与合作中，以此制造出一个稳定的、有规律的宇宙。我们不能质疑它，也不能改变这幅蓝图中的一个字或一句话，它永远存在，具有普遍性和永恒性。对于宇宙的傲慢，我们最好别去管它，还是过好自己的人生，操心我们的日常得失吧。这就是简·奥斯汀在给卡桑德拉的信中那句篡改的引文的出处和意义。蒲柏写道："高傲可鄙，只因它不近情理；凡存在即合理，这个道理很清楚。"借诗人之口，奥斯汀提出了一则简单而有力的信条：一切都已安排妥当，所以就省省力气吧。

假如神学受到质疑，那么在这个宇宙学中依然有一些大胆的想法，能与简·奥斯汀的道德世界产生共鸣。很明显，蒲柏的意思是，没有必要对物理学和生物学的事实提出异议，也没有必要对宇宙的宏伟因缘心怀担忧，还不如照顾好自己的家人，忠实于朋友，死后留下一点美好或有价值的东西。更重要的是，蒲柏认为这样宽广的人类生活是值得一过的，我们拥有上天分配给我们的能力和潜力，它们也是一个美好整体的宝贵组成部分。

蒲柏和奥斯汀的共同点在于，两人都将热情的世俗精神与沉静慰藉的信仰融为一体。奥斯汀像诗人蒲柏一样博览群书，对细节与风格有着敏锐的洞察力，但她不是形而上学学者——莱布尼茨那令人赞叹、复杂难懂的"所有可能的世界中最好的一个"，她既不感兴趣，也理解不了。她相信宇宙的秩序，但无意探究或推翻它。克莱尔·托马林在她出色的奥斯汀传记里写道："宗教始终是她生活的重要组成部分。这不是什么值得质疑或探究的事情……与其说它是精神因素，不如说是社会因素。"在奥斯汀作品中对婚姻、家庭、美德的描绘背后，在对自己毅力和耐心的坚持背后，是她对万物秩序的信仰。这正说明了作者关注家庭争吵、风流韵事以及经济斗争的原因：这是她有所了解、抱有期待和施以同情的领域。蒲柏的警句完全解释了这一点：

认识你自己，莫以神为鉴察。

适合研究人类的是"人"。

他愚昧又聪明，粗鄙又伟大。

置身尘世的狭窄地峡。

在这种对人性的清晰描绘中，我们看到了奥斯汀笔下不完美的人物和熟悉的情节，以及她对一个比自己的英格兰乡村更广阔的世界的平静信念。她的小说，正是这种"适合的研究"。

5. 差强人意的愉快生活

这份平静，就是伊丽莎白·贝内特在彭伯利静静品尝到的——不是彭伯利给她财富和地位的许诺，而是她看到的一幅和谐有序的宁馨图景。它提醒着这位焦虑的姑娘，她的世界尽管充满悲伤和忧虑，但那并不是全部，大自然中也有庄严、克制和优雅——这些美德，她在达西身上也看到了。

奥斯汀写进《傲慢与偏见》的素材，她自己也在乔顿、城堡广场和斯蒂文顿体验过。她能忍受让人心力交瘁的家庭与艺术创作的变化无常——从厌倦到悲伤，再到亢奋，又循环往复——然后抽身，醉心于南安普顿的金链花或乔顿农庄的山毛榉。无论兄弟姐妹之间如何斗嘴，英法战争的阴影如何影响生活，或是一个"不合适"的人固执与否，那些球茎依然在每年春天开出花来。1811年5月的最后一天，奥斯汀写信给姐姐说："我今天听说在一棵树上发现了一枚杏子。"这不是又一桩微不足道的小事，不是闲言碎语或乏善可陈的日常，这是对轮回不休的生命的致敬。在乔顿农庄的花园里，奥斯汀能邂逅蒲柏的完美宇宙，它不像人类俗事那样含糊、不完美、转瞬即逝。它重申了她安静的信念，那是舞台上千变万化的戏剧动作背后永远不变的背景。

如果奥斯汀能在她的信中做到理智冷静，那她自然也乐意获得慰藉。她的《曼斯菲尔德庄园》里有这样一句名言："让别的作者来描写罪行和痛苦吧。我尽快抛开这样一些令人厌恶的话题，赶紧让那些没有重大过失的人恢复他们差强人意的愉快生活。"即便考虑到奥斯汀一贯的讽刺手法，她的这番话也颇为认真：她出版的小说总是追求大团圆的结局，就连玛丽安·达什伍德也找到了她的上校。尽管这位小说家认识到心理、社会和经济方面的种种现实，但她还是乐于寻求和提供慰藉——躲在蒲柏形而上学面纱下的"差强人意的愉快生活"中。奥斯汀正在重新发现神学家奥古斯丁描述的"人类理性与万物本质几近交融的场合"，即播种、扦插、嫁接、插条。乔顿农庄的花园是一堂课，类似现在所谓的"大局观"课程，简·奥斯汀在狭小天地中细细品味出了更广阔的图景。

第三章

普鲁斯特：盆景与逝水年华

这些日本小树……如果我在房间里水流滴答处摆上几株，我就会拥有一片一直延伸到河边的辽阔森林，孩子们在那里可能会迷路。

——阿尔贝蒂娜，马塞尔·普鲁斯特《追忆逝水年华》

我还有三棵惨不忍睹的日本小树要送给您。看到它们便宜出售时，我派我的冒牌秘书赶紧买了回来，拿到眼前却大失所望！不过，它们会变好看的，它们很老了，还那么矮。

——马塞尔·普鲁斯特致施特劳斯夫人的信，

1907 年 6 月 21 日

除了一盏长柄床头灯外，这间一楼公寓的卧室里一片昏
暗：百叶窗紧闭，蓝缎子的窗帘也拉得严严实实。一张小铜
床上撒满了稿纸，每一页上面都是密密麻麻的、地震图似的
字迹。这名留着浓密黑须，身着羊毛内衣、白色睡袍和粗织袜
子的男子就是马塞尔·普鲁斯特，虽然他还不太出名，但也
快了。这位不到三十六岁的年轻作家费力地呼吸着，房间里
的灰尘和床单上的污垢（"远远谈不上干净"，传记作者理查
德·巴克如此委婉地写道）加重了他的慢性哮喘。如他朋友罗
伯特·德·孟德斯鸠所说，房间里似乎有股食物放久的味道，
还有尿臭，"果酱罐和便盆"摆在一起，实在让人觉得恶心。
也许是不久前烟囱塌了，所以房间里才那么脏。用普鲁斯特的
话说，太阳是"十分美丽又奇怪的东西"，而他完全不受恼人
阳光的干扰，他准备工作了。

1907 年 3 月，巴黎的一个寒夜，普鲁斯特尚未着手那
部皇皇巨著《追忆逝水年华》，而是在为一位朋友的诗集写

评论，那是诺阿依伯爵夫人（Comtesse Anna de Noailles）的《目眩神迷》。一两天前诺阿依给他邮寄来这本书，他刚刚读完。

马塞尔毫不费力地看到并描述了这位诗人的成就，认为她可比肩大文豪伏尔泰、维克多·雨果以及波德莱尔（虽然文学史并不认可）。他用了三个小时完成这篇书评的初稿，估计写了一万六千字，又花了三个月时间删减，希望能在《费加罗报》的头版上发表。但很遗憾，定稿经过大幅度删减，六月中旬发表在了《费加罗报》文学副刊不起眼的位置上，普鲁斯特说，那是"被永远遗忘的先兆"。无论如何，马塞尔的评论还算严肃和发人深省，尽管他尚未找到《追忆逝水年华》中的回忆魔法，他对诺阿依诗歌的分析却显示，一个伟大心灵正哼唱出它著名的永恒曲调的最初几个小节——在琐屑的细节中重新发现过去。在这篇评论中，跟在他的散文和文学戏仿作品中一样，马塞尔这个无所事事的文学票友开始成为传说和论文中的神奇人物——伟大的现代作家普鲁斯特。

他写道，他的身旁是三盆日式盆景，他形容其"惨不忍睹"，是他差遣年轻秘书罗伯特·乌尔里希买来的。普鲁斯特觉得它们实在太丑，根本不对他的胃口，让他很心烦，后来把它送给了他的朋友施特劳斯夫人。但这些树对这位作者来说绝非一无是处，比如在他给诺阿依写诗评时就发挥了重要的作用。

它们让普鲁斯特呈现了他著名的人生观和艺术观的核心内容。

1. "好多日本人"

盆景在 19 世纪和 20 世纪之交相当流行，这是传进英、法的日本流行风尚。在佩里准将和他的"黑船"威胁日本幕府打开贸易大门并与其建立起军事联系后，日本的美学和哲学思想逐渐走进了西方社会。当日本的年轻人身穿全套西装、头戴圆顶礼帽、腕上佩戴手表时，画家詹姆斯·麦克尼尔·惠斯勒却穿上和服、睡榻榻米、用筷子吃饭。1864 年 7 月，来自伦敦的法国画家亨利·方丹·拉图尔写道："在惠斯勒的工作室里，我们三个人正过着一种不可思议的生活，仿佛置身长崎。"跟普鲁斯特一样，惠斯勒也是孟德斯鸠那个艺术圈子里的朋友（"有好多日本人"，一个对此不满的贵族愤愤地说道）。惠斯勒是许多新艺术风格艺术家的一位重要前辈，他们也痴迷于日本的木版画、肖像画和上色技术。确实，"新艺术运动"[1]这个名字就来自普鲁斯特盆景的出处、宾的画廊和工作室——巴黎普罗旺斯街 22 号的"新艺术宾"。像是德加和马奈这样的

---

[1] 新艺术运动，得名于商人塞缪尔·宾在巴黎普罗旺斯街 22 号开办的商店"新艺术之屋"（Maison de l'Art Nouveau）。在 1900 年巴黎世界博览会上，宾的展厅"新艺术宾"引起了广泛关注。从此，英美报刊开始用"新艺术"来称呼这种新的风格。

前印象派画家、莫奈这样的印象派画家也迷上了日式工艺和技法。日本与日式风潮在 19 世纪末的艺术革新和实验中的地位举足轻重。

对普鲁斯特来说，日本人最擅长的暗示手法、简洁的线条和精妙的结构令他十分感兴趣：一些明快的线条表达出无限，微型工艺品呈现出丰富的内涵。他的密友玛丽·诺德林格在新艺术工作室工作，他通过她直接接触到了日本艺术。诺德林格记得，马塞尔躺在床上盯着她的日本景泰蓝耳环，耳环上有精致的花纹，还上了釉。他说："我能摸一下吗？别取下来！"1904 年 4 月，诺德林格送给普鲁斯特一份更有意义的日本小礼物：一粒粒小小的压缩纸片，这些小东西打湿后就能展开变成花朵、树木和动物的造型。因哮喘病而远离心爱乡村的普鲁斯特由此想象自己走进了一座鲜花盛开的花园。他写信给玛丽说："多亏了你，让我昏暗的房间里有了远东的春天。"这种转化再次出现在著名的对"蘸茶蛋糕"的描绘中，那块蘸了茶水的蛋糕，勾起了他的童年回忆。《在斯万家那边》（《追忆逝水年华》第一卷）中的这个片段是献给诺德林格神奇的日本礼物的一首赞歌：

如同日本人玩的那种游戏，把小纸片泡在盛满水的瓷碗里……纸片刚一浸湿就舒展开来，显其轮廓，露其颜色，有的变成花朵，有的变成房屋，有的变成活灵活现的人物。同样，我们花园的各色花朵，斯万先生大花园的花朵，维沃那河畔的睡莲，村子里善良的居民连同他们的小房子和教堂乃至整个孔布雷及其周围，不管是城池还是花园，统统有形有貌地从我的茶杯里喷薄而出。[1]

普鲁斯特的观点很明确：从微渺之物开始，徐徐展开宏大的记忆和幻想画卷。

这是普鲁斯特文学作品的一个重要主题。作家让·谷克多在评论《在斯万家那边》时写道，普鲁斯特有一种画家的天赋，能将人物角色、对社会的观察和风景巧妙地压缩成精致的细节。"《在斯万家那边》是一个巨大的缩影，"他写道，"里面充满了海市蜃楼、重叠的花园、时空的游戏，那种宏大、冷静的笔法颇有马奈之风。"普鲁斯特的传记作家乔治·佩特也发现了他的这一天赋。在《马塞尔·普鲁斯特传》中一个感人的段落里，佩特展示了这位作家的天赋——捕捉一个时代和阶级的重要本质，以微小细节呈现在"一战"中没落的世纪末贵族的独特气质。因此，普鲁斯特对盆景、日本耳环、日式

---

[1] 译文引自沈志明译《追忆逝水年华》（上海译文出版社，2012 年），略有改动。

木块和玩具充满了兴趣。普鲁斯特的盆景就像他的皇皇巨著一样，是在向微渺之物唤起的浩瀚之感致敬。

2. 我的房间里应该有一片辽阔的森林

从这个角度看，盆景的出现不是单纯的巧合，也不是爽快的购物冲动使然（就像普鲁斯特本想买几个练习本，却带着一棵小樱桃树回来那样）。盆景符合作者一直以来的心意：它们是带给人无限遐思的小小碑文。盆景既是普鲁斯特的文学标志，也是令他一生着迷之物。

普鲁斯特并没有确切地探究盆景是如何施展魔法的，但它们的重要特征并非令人难以察觉：它们集即时性与实用性于一体，是高度浓缩的作品，具有优美或令人惊叹的造型。盆景展现了一株平凡树木微妙的复杂性，却又小巧宜人。盆景与时间也有一种特殊的关系。古老的盆景是对时间的蔑视，那多节瘤的树干和扭曲的树形，常唤起人们岁月沧桑之感。根、叶和枝条都被修剪成一定的形状和造型，可能人们也会给它换盆，或者把它从门廊的架子上搬到室内的壁龛里，也许它会在春天开花，在秋天叶子变红，但盆景的本质是静谧与不变。就像黛博拉·科雷肖夫在她的作品《盆景》中写的那样："吸引你的是形式与风格……'设计之精髓'。"这是一种关于类型的表达，而"类型"一词，来自希腊语的"印记"。正因如此，盆景可以是许多树：通过概括其基本特征，它表达了一种典型的"树"，其特征为一切树木所共有。盆景是在做减法的过程中将经验提纯，而且经常有出色的表现，带着普鲁斯特在日本木版画和景泰蓝耳环上领略到的那种精致与繁复之美。这棵矮矮的树，半是花园、半是雕塑，在一个单一、简洁、持久的造型中，将宏伟与流变合二为一。

所以，普鲁斯特告诉玛丽·诺德林格，盆景是"想象之树"。普鲁斯特认为，就像一粒种子引起我们去想象未来的花朵，盆景也促使我们去幻想那些凄楚的景致和悲怆的时代。这是"几百年来的古老梦想，是一片雄伟壮阔的伟大土地"，它们形态丑陋，却激发了他的无穷想象。在《追忆逝水年华》中，他借阿尔贝蒂娜之口道出他诗意的展望。她对叙述者马塞尔说："人们仍然会觉得这些日本矮树就是高大的雪松、橡树、番石榴树，这种感觉如此强烈，以至于如果我在房间里水流滴答处摆上几株，我就会拥有一片一直延伸到河边的辽阔森林，孩子们在那里可能会迷路。"在这样的幻想中，盆景不仅仅是低矮的树木和盆栽植物，也不仅仅是异域情调的日本象征，还是一种典型的普鲁斯特工具——一份走进浩瀚与洪荒之梦的邀约。

3. 放逐归来

普鲁斯特对别具意味的小物件的喜爱，既具有故事性，也具有哲学意味。普鲁斯特对小东西，特别是盆景感兴趣，他不仅追求文学技巧，也在寻觅某种东西，以补偿或修复他在生活中的损失——被年龄和疾病损毁的形而上的整体。他执迷不悟的追求并未发生在大张旗鼓的旅行或教科书中，而是出现在一些微小而低调的事物上。

一个原因就是哮喘，普鲁斯特因此远离了自然，而他的盆景带给了他一丝田园想象的慰藉。普鲁斯特很小就喜欢上了户外生活，尽管他以后隐居式的人生与此完全相反。小时候在奥特伊和伊利耶，普鲁斯特就陶醉在户外的绿草、清风和浓密的绿荫中。在伊利耶，普鲁斯特的舅舅裘里斯共有三座园子：一个小小后院、一块菜地，还有一方乐园——卡特兰花园。在花园里，小普鲁斯特坐拥草坪、棕榈树、天竺葵和一个四周长满鸢尾花和勿忘我的池塘，水面上漂浮着天鹅与睡莲。在花园的边缘有一道粉色和白色的山楂树篱。粉色是马塞尔的最爱，这让他想起粉色的糖衣饼干和蘸了奶油芝士的草莓碎。在奥特伊，他伯父路易斯的房子"要多无聊就有多无聊"，马塞尔会坐在高高的树下，和家人一起走进布洛涅森林公园。在他心爱的山楂树旁边还有栗树，他在《让·桑德伊》一书中写道："这是一种洋溢着青春的高高的树，开着高高的花朵，像巨大而精致的塔楼一样。"普鲁斯特的童年有一种质朴、梦幻的气质，这为他的创作提供了养料。

这种田园诗一般的生活并不持久。作为一个中年人，他仍然喜欢花，叫他的管家塞莱斯特仔细地观察山楂树，他说："我真不知道这世上还有什么比这更漂亮的东西。"可是，奥特伊、伊利耶和春天的种种美好都因慢性哮喘而一去不复返。普鲁斯特再也无福享受春天的野花，只能悲伤欲绝地坐着吸勒格拉药粉。塞莱斯特的丈夫奥迪隆有时会开车载着普鲁斯特去谢夫勒斯河谷观看盛开的山楂花和苹果花，但他总是安稳地坐在车里，隔着关得严严实实的车窗。在彻底缠绵病榻并投入写作之前，他走访了过去的仆人，他们待在家里，他就站在外面的三色堇花坛边，手里拿着一朵花高兴地闻了闻。他告诉朋友："这是唯一一种我闻了不会让哮喘发作的花。"中年的普鲁斯特热爱乡村，可总是无法接近（触不可及的爱，是另一个普鲁斯特式的主题）。

　　这种距离感，为他的盆景增添了魅力，它们是真正的树，活生生地长在他的卧室里。尽管样貌丑陋，他还是珍视它们，因为它们把鲜活的景观重新带入了他的病室。没有什么能取代奥特伊和伊利耶的美景、板栗、鲤鱼游弋的池塘、树篱。但是，在多年的放逐之后，普鲁斯特的盆景促使他再造消逝的美景，以一种简洁的方式召回失去的童年。

4. 寻觅

除了更直接的身体原因外，另一个原因就是普鲁斯特独特的哲学观。他不仅仅试图重拾过去，他的想法具有更普遍的意义。他相信，细微的事物和细节可能是通往更丰富和广阔思想的道路。这个想法正是普鲁斯特成熟的哲学思想的核心。

说普鲁斯特具有"哲学思想"似乎不太恰当，毕竟很多人认为他缺乏深度思考的能力。直到中年，他都被讽刺成一个万金油、半吊子、社交名流——一个没有天赋、眼光和智慧的家伙。《新法兰西》杂志拒绝出版他小说的第一卷，对他十分轻慢，用安德烈·纪德的话说，他不过是个"势利小人、文学票友"。后来纪德和他的同事又推翻了前言，对普鲁斯特深表歉意，并以慷慨的报酬与他签下了出版合同。但他们最初的印象很说明问题，普鲁斯特被大家视为一个有天赋却浅薄的花花公子，徒有其表。他也许是个和蔼可亲的怪人，但是从公众的眼光来看，他太忧郁、多疑、装腔作势、无所事事，根本写不出真正的杰作，即使他的故事或评论很吸引人，也缺乏真正深刻的哲学洞察。他假模假式、参加各种时髦聚会、他的审美观，这些全都高调地显示着他的肤浅与堕落。对许多同龄人来说，普鲁斯特就是一只斑斓的鹦鹉。

但后世的人给了他更多的敬重。美国传记作家埃德蒙·怀特写道："他是伟大的哲学小说家。"虽然普鲁斯特不是一名学者，但他在自由的孔多塞学校里确实非常喜欢哲学。普鲁斯特从十一岁到十七岁就读于这所学校，他是一个反复无常的学生，常常因生病缺课，所以他早年的成绩并不十分出色。尽管如此，马塞尔还是非常聪明、真诚而富有激情，具备了学好哲学的一切品质。在学校的最后一年里，他开始上玛丽·阿尔方斯·达鲁的哲学课，并且在《欢乐与时日》中称她为"伟大的哲学家"。达鲁对哲学及其传统教学模式不乏嘲讽，但也真正地投身于此，是她磨炼了年轻的普鲁斯特的头脑，并且培养了他对追寻事物更深层意义的热爱。

这门课程主要基于康德的思想，我们也许会说，普鲁斯特学到的不仅是事实，而且是事实的本质，即我们当下的个人感知无法认识的真正世界。康德的基本观点是，我们能理解世界，是因为当我们在感知世界的时候，世界基本上是我们心灵的产物。宇宙似乎是理性的，不是因为有一个圣灵在主导，而是因为我们把秩序强加于经验之上，康德称之为"现象世界"，这是人类的认知世界。与此对应的是"本体世界"——不是世界呈现给我们的样子，而是世界本来的面目。本体世界是真实的，人类精神思考的对象即"物质"，但我们无法直接接触到物质，一旦我们观看或思考，物质就已染上了人的色彩。康德的理论的影响，首先是在思想领域及其与道德、美学的关系中，倡导一种非常严谨的教育方式；其次是人们相信有一个真实却不可知的宏大世界，即"真正的现实"，而我们早已被逐出了那个世界。

普鲁斯特很自然地接受了这个理想主义的，甚至带着神秘色彩的理论，并且把达鲁视作他生命中的一位英雄。年轻聪明的马塞尔绝不会当上一名哲学教授，他的天资在别的领域。无论如何，他总是去上达鲁的课，后来直接在教授那里开小灶。几年后，他在索邦大学获得法学学位时，仍不掩饰自己对文学和哲学的喜爱。二十二岁的他告诉父亲，除了文学和哲学，其他东西都是在浪费时间。

达鲁的课为普鲁斯特后来的小说提供了某种形式的心理内容。年轻的普鲁斯特写道："将物质构建起来的是精神。"换句话说，我们所知的世界，是由我们的精神描述并构建起来的。他接着说："我们可以将物质还原为心理因素。"但无论现实是多么复杂地按照内心的蓝图建构起来，仍有一些东西是它无法建构的，那是一些更伟大、更古老的真理。这就是普鲁斯特悲伤的形而上学：存在一个宏大的整体，而我们只是其中孤独的、嗷嗷待哺的一部分。

后来，普鲁斯特在随笔集《驳圣伯夫》（与《追忆逝水年华》同时开始写作）的序言中，更加成熟地探索了这个想法：在平凡的世界中有一个美好的"远方"等待着我们。在普鲁斯特看来，最有意义的是过去。佩特在普鲁斯特的传记中写道：对他来说，过去不仅是消逝的时间，更是一个纯真无邪的完整时代，那是一个完美、永恒的整体，没有成年人的悲伤、冲突和迷茫。佩特解释道："救赎存在于这个短暂却永无休止地进入永恒世界的过程中，因为唯有这里才有我们生而丧失的美德以及尘世之爱能剥夺的快乐。"

可是，普鲁斯特写道，这个迷人的过去，每天都在消逝：首先，因为心灵太虚弱或被过度干扰，所以无法及时捕捉到它；其次是智慧的力有不逮。换句话说，过去一直在流逝，无法修复。一个人活过的时间就是他逝去的时间。普鲁斯特在《驳圣伯夫》序言里犀利地写道："我人生中的几个夏天在乡下的家里度过。我常常想到那些夏天，但它们已不复存在，它们消亡了。"对于普鲁斯特来说，确实有一个永恒的爱与美的世界——永远完美且没有痛苦的"远方"。但这个世界无法企及，让我们许多人一直处于失落和不满当中。普鲁斯特相信，这就是典型的人类处境——被锁在记忆宝库之外。

然而，普鲁斯特说，记忆之门总是半掩着，被锁在日常之物中的往昔正等待着被释放。他在《驳圣伯夫》一书中写道："实际上，生命中每一个消逝的片刻，都会在某个事物上再度浮现……它藏身于此。"这就是普鲁斯特式的回忆，从一杯茶回忆起一座花园，从一块松动的垫脚石回忆起整个威尼斯。但是，他认为，仅仅唤起这些回忆是不够的，我们需要识别记忆，并且再造记忆。换句话说，一旦唤醒了记忆，就需要有意识地、创造性地关注。普鲁斯特的格言是：先有偶然，再有艺术。

5. 拯救转瞬即逝之物

"非自主记忆"是普鲁斯特的一种著名理论。在行文清晰质朴的《驳圣伯夫》的序言中，他表达了日积月累的过去是如此的浩瀚无边，使人们根本无法伪造或篡改。我们不能用抽象思维把握过去，也不能用几乎遗忘的碎片将之拼凑出来。就像在一件许久没穿的夹克口袋里发现旧钢镚儿，这些珍宝也只能是偶然邂逅，然后我们必须识别它们，并有意识地加以阐述。

在这一点上，普鲁斯特抨击了过于自信的理性主义，理性主义认为心灵绝对透明，认为最文明、最复杂的印象都是可被意识修改的。普鲁斯特认为，回忆是偶然和模糊的，是无意识的冲动使然。我们的念头含混不明，转瞬即逝。即便我们过去最倚重的"路标"，像我们心爱的家园或儿时的公园，也都无法锚定我们。《在斯万家那边》一书的结尾，普鲁斯特用感人至深的话写道："对某个场景的回忆，无非是对某个特别时刻的惋惜罢了；而那些房舍、大路、林荫道，亦如往日的岁月那般转瞬即逝。"

有意思的是，这一理论也是对势利眼的声讨，而普鲁斯特本人就是出了名的势利眼。如果我们的过去被安全地保存在看似平凡之物中，那么平凡之物对于艺术家来说，应该比那些被大家赞扬的博物馆中的藏品更珍贵。当然，普鲁斯特不是在贬低壮观的亚眠大教堂、精彩的圣桑奏鸣曲和维米尔出色的画作《代尔夫特一景》（"这是世界上最美的画"，即使生病了，他也会忍着头晕去看）。他对艺术有着敏锐、热烈和持久的爱。但与此同时，他也认识到了质朴与平凡之物的价值。普鲁斯特在《驳圣伯夫》中写道："一本对歧视者来说毫无意义的书，里面充斥着一个人从小耳熟能详的名字，那么这本书对这个人来说，比那些令人赞赏的哲学论文更值得一读。"

这就是普鲁斯特雄心勃勃的观点，它解释了盆景的价值：在卑微、不起眼的东西身上，他希望邂逅五花八门的世界——辽阔的、被遗忘的，也是他每天都在失去的世界。在微型艺术品或不起眼的细节中，他照亮了脑海里晦暗的一角，在看似不相干的事实、感觉和回忆间建立起新的联系。于是，他床边的盆景，就不仅能让他在家里找回失去的自然，也标志着一个雄心勃勃的计划：再现普鲁斯特的"转瞬即逝之物"——他的一生。

6. 重新发现

重读普鲁斯特的人生，其古怪之处令人咋舌。或许，害怕老鼠和神经质的母爱可以被当成八卦小报和传记作者的虚构产物（用来做心理分析倒是合适）。即使没有这些，也很难将那些故事跟普鲁斯特联系起来。他蜗居在沉闷的房间里、他的怀旧心理，都合情合理但又十分荒谬。作为犹太中产阶级，我可以看到那种闲适、优雅的贵族生活对普鲁斯特很有吸引力，那是他十分渴望的。尽管他有一些天分，但他依然被排除在外。作为作家，我看到了隐私与安静的重要性。作为父母，我对他失落的童年深表同情。可是，普鲁斯特身上有一种神秘的贪婪、一种我根本无法理解的贪心、渴望和急切的特征。他就像一门艰涩的外语，只能在抽象的译文中理解。普鲁斯特是一个不寻常的人、一个罕见的天才、一个具有独特精神气质的人。在他的世界里我觉得并不自在，而且，我觉得不止我一人有这种感觉。

无论如何，普鲁斯特从盆景里所收获的感悟是独特而珍贵的。他的故事再次证明，花园不必是华丽昂贵的，事实上，都不一定非要是花园。不是每个人都有时间、金钱或诀窍来打造一座卡特兰花园，也不是每个人都有足够的体力或一双巧手，把他们的山楂树打理得枝繁叶茂。但是普鲁斯特在阴暗卧室中所获得的，也能在狭小的出租屋或石子铺地的庭院中获得。普鲁斯特卧室里的盆景，就像院子里的橄榄树、走廊里的天竺葵盆栽。朴素的风景，并不代表心灵的贫瘠。

普鲁斯特的盆景哲学，也有着更广泛的意义。它简单直接地号召我们去关注和珍视生活中的平凡之物。换言之，它提醒我们，不要对熟悉之物麻木不仁。如果我们观察得足够仔细，我们就可能在小细节、小东西、隐晦不明的事情中获得惊人的洞见和感受。首先，从匠人的角度来看，数十年的剪叶修枝以及用铁丝塑形，能让园丁品尝到愉悦的控制感、专注与美感（当然，到了我手里就只有笨拙、混乱和枯死的树苗）。其次，在艺术爱好者看来，盆景也十分有意义，因为做工复杂、别致、便于抓握的小东西往往意蕴丰富。这是普鲁斯特那盆"惨不忍睹的小树"带来的启示，也是一个培养好奇心和从容意识的好习惯。盆景鲜活地提醒我们，要重新去发现隐藏在平常视野中的小宇宙。

第四章

伍尔夫夫妇：蒙克屋的苹果树

修剪过的树和我的手指。风雨交加。

———伦纳德·伍尔夫致里顿·斯特拉奇，

1920 年 1 月 24 日

没什么大不了的。

———伦纳德·伍尔夫致莫莉·麦卡锡，

1921 年 6 月 17 日

苏塞克斯一个凛冽的严冬时节，一个清瘦的男人正在修剪苹果树，同时把李子树绑到墙上。他穿着两双袜子、戴着两副手套、套了两件夹克 —— 但毫无用处，依旧寒气刺骨。他已人到中年，越发觉得寒冷。而一月的那些日子，他的妻子说："就像冰块被风吹散成一粒粒，一直砸在你的脸颊上。"

　　但伦纳德·伍尔夫坚持了下来。事实上，自从六个多月前他和弗吉尼亚在拍卖会上买下蒙克屋后，他就一直像个激动的男孩一样忙碌着。伍尔夫夫妇对这座房子非常着迷。最初让他们心动的，还不是那座房子与它外围的建筑和收割棚。在拍卖会前一周，弗吉尼亚骑车去了罗德梅尔，当时她对蒙克屋的态度是保留和批评。这儿的房间又小又乱，没有热水，只有一个旧油炉、一个很潮湿的厨房，还有一个狭小的储藏间。后来他们才知道房子被水淹过。不过弗吉尼亚的兴趣很快就被这座花园"深深的快乐"点燃了：一排排的果树、豌豆、洋蓟、土豆和覆盆子；一片令人舒心的起伏的草坪提供了避风港。总之，房子的大小、形状，肥沃土地还有荒野，这里的一切加在一起，价格相当于今天的一辆二手沃尔沃。在拍卖的当天，伦纳德安静而又紧张地攥着兜里的八百英镑，尽量表现谨慎，但这对夫妇仍然雀跃不已。（弗吉尼亚写道："我的脸都紫了，伦纳德则颤抖得像一根芦苇。"）

弗吉尼亚·伍尔夫似乎很喜欢园艺，连她自己都觉得惊讶。起初，她以为她的主要消遣方式就是散步：天暖和的时候在罗德梅尔乡间散步，如果无情的寒风吹来，就在能遮风的草地上散步。她在日记中更像一个漫步者、一个张口发呆的人，而不是一个景观设计师。她的漫步为她提供了小说的"原材料"。伦纳德在《每况愈下》一书中写道："无论是在低谷，还是穿过浸水的草甸，沿着河边走时，她满脑子想的要么是她正在写的书或文章，要么就是在酝酿一本书或一个故事。"不过她和伦纳德都很喜欢在乡间一边散步，一边聊天。早些时候，夫妇俩在罗德梅尔严格按照日程表散步，以免他们在乌斯河边待的时间太长，妨碍写作。

但到了第二年，弗吉尼亚就更喜欢花园了。水仙开得皎洁动人，番红花从球茎上冒出来，杏花也开了（那年三月，她愉快地用大写字母写下"春天到了"）。到了五月，这位看似清高的作家跪在地上，双手不住地干活儿，把身上弄得脏兮兮的，就这样度过了一个暖风微醺的午后。她在日记中写道："带着

一种奇怪的热情给草坪除了一整天杂草，我得说，这就是幸福。"她的办公室是花园里的一个房间，原本是一个工棚，后来改成了一间书房，还用来储藏苹果。

不过，在接下来的五十年里，都是伦纳德在打理草地、花朵、蔬菜和果树。甚至在伍尔夫夫妇搬进蒙克屋以前，弗吉尼亚就把她的丈夫描述为花园的"狂热粉丝"。作为一名剑桥学生，伦纳德在康沃尔度假，幻想着放弃奖学金，终身做日工。在他们租的阿什汉姆的乡间老别墅里，"那些土豆……蚕豆、扁豆、日本银莲花、海葵、夹竹桃和大丽花，还有一大丛杂草"让他无比欢欣。在工党的会议、政治研究和出版工作的间隙，他做果酱、采集蘑菇和野花、劈柴、拾捡苹果。他跟弗吉尼亚一起工作、打理花园，然后又是工作。（伦纳德给里顿·斯特拉奇写信道："早晨，我们写七百五十字……下午，我们就挖土。"）

弗吉尼亚在写给埃塞尔·史密斯的一封信中打趣说："我在花园里总是找不到他，他不是在树上，就是在篱笆后面。"从她的信中，我们看到伦纳德是一个精力旺盛、令人费解又无比耐心的人——即便在最恶劣的天气，在个人最痛苦的处境中，他还会给树剪枝。1922 年 1 月，冰雹落在他们的壁炉里，噼啪作响，狂风把树枝都吹断了。"伦纳德还在栽种植物、剪枝、喷药，"他的妻子满怀赞赏地写道，"不过，在又冷又湿的野外，他的举止带上了一种难以理解又令人敬佩的英雄色彩。"

买下蒙克屋将近二十年后，弗吉尼亚在最后一次精神崩溃中选择自尽，伦纳德彻底失去了她。她上一篇日记是在 1941 年 3 月 24 日写的，结尾是："伦正在打理杜鹃花。"

弗吉尼亚去世后，在饱受悲伤折磨的几年里，伦纳德侍弄果树、修理树篱、照料温室花朵，他的起居室里摆着黄色和深红色的秋海棠，还有百合花、大岩桐。他又添置了两个蜂箱、两个温室，开拓了约两万四千平方米的土地。一个年轻的小说家认为，他选择穿棕色法兰绒衬衣是因为耐脏。他把银杏种子送给了一个狂热的美国粉丝。来自苏塞克斯的作家戴安娜·加德纳说："他修长的手指似乎总是带着点花园里的白色尘土。"他把白色的小苍兰和红色的仙客来送给了后来的爱人特雷基·帕森斯。在他去世的前一年，伦纳德（和他的新园丁）在 1968 年的春夏园艺秀中一共获得了十三项一等奖。为防自己的作品和奖项让人生疑，这位八旬老人在他自传的最后一卷《重要的是旅途而不是抵达》中列出了一生中令他愉悦的事情，除了友谊、美食、运动，他还写上了"园艺"二字。

1. 生之苦

考虑到伍尔夫一生对园艺的热爱，我们料想他应该拥有愉快的童年回忆。然而，伦纳德最初看到的花园是让人难过的，花园带给他的是悲伤与疏离感，是他所谓的"生之苦"（Weltschmerz）[1]。

父亲去世前，年轻的伦纳德和家人一起住在伦敦莱克瑟姆花园 101 号的一栋新房子里。这是一个维多利亚式的富裕中产家庭，有一个慈爱却总是缺席的父亲和一个爱幻想却也务实的母亲。大律师西德尼·伍尔夫跟他的儿子一样，身材瘦削、精力充沛、头脑敏捷。据伦纳德回忆，母亲玛丽·伍尔夫性情温柔，有点女孩子气，有点古灵精怪。他们是一对快乐勤劳的夫妇，正直又宽容。在他们房子后面，露台背后，四面高高的砖墙围起了一个花园。在那里，小伦纳德跟八个兄弟姐妹一起，在伦敦的灰土上开辟花园。

夏天的时候，玛丽找到了一处度假屋，然后伍尔夫家这一大帮 ——"九个小孩、仆人、狗、猫、金丝雀以及关在一个鸟笼里的两只小白鼠"——挤上了一辆公共汽车，然后登上订好票的火车离开了肯辛顿，他们要在外面待一个月左右。

当时的伦纳德应是五岁，度完假，他迫不及待地跑到后院，盼着看到他的花在脏兮兮的砖头缝儿里明媚地绽放。但他吓了一跳，花儿凋萎，鲜艳不再。那是一幅腐朽死亡的画面，

---

[1] 德语，意为"世界之痛"，出自奥地利诗人莱瑙（1802—1850）的话，意思是人们活在世上是苦恼的。

带着说不清道不明的原始的恶。伍尔夫的散文有一种老年人回首往事，历经沧桑又老成持重的气息，他对童年恐怖一幕的描述受到了《传道书》的启发，读来动人心魄。

在莱克瑟姆花园里，伦纳德·伍尔夫的悲伤不是由某一具体的事物引起的，而是由世界本身引起的：万物被摧毁或变得支离破碎；冲突很快取代和谐，死亡转眼吞噬生命——常春藤生长、蜘蛛觅食、花朵枯萎。对年轻的伍尔夫来说，宇宙是一个战场，是盲目的、非理性的、永不停止的力量之间的战争，宇宙不是上帝的神迹而是徒劳的斗争。这就是伍尔夫在《自然的温柔》一文中所描述的自然："冷酷而凶残，黑暗而阴郁的法则。"

正如伦纳德所见，这种野蛮的行为没有什么宏大的目的、理由或意义。当伍尔夫投身追求真理时，他知道，绝对完美的知识是不存在的。人总是容易犯错，无法周全。人类的理想和冲动终究没有意义。他在《播种》一书中写道："在内心深处，我深深地感觉到，一切最终都无关紧要了。"他一生都在给朋友和同事献上这个听上去刺耳却给人解脱的建议，而且往往是用大写字母。

当然，伦纳德·伍尔夫还是有很多重要的事情，包括"造一座花园"。毫无疑问，他是一个节制、自律的人，但他和其他人一样也会恋爱、哭泣和愤怒。他写给弗吉尼亚的情书非常温柔而又非常热烈，他们会给彼此取绰号（他是"小猫鼬"，她是"小芯棒"）。有一次，他把大拇指拉脱臼了，因为梦见要掐死一个人，那个人计划在锡兰"工作一上午，下午找妓女"。伦纳德从没有停止过恋爱、学习、写作、游说、聊天、出版或者照顾生病的妻子。他在影响我们生活的国际联盟（联合国的前身）做了很多工作。他的座右铭是"没什么大不了的"。

伦纳德在《播种》和其他地方表达的观点，都倾向于存在主义而非虚无主义。虽然他尊重基督这个历史人物，据说他还出版过《登山宝训》，但他仍是一个无神论者。他不像他的一些同龄人，用民族主义……法西斯等主义来代替宗教。他觉得这些绝对化的、僵化的群众运动已经破坏了文明的成果，把幸福变成了一句政治上的"脏话"。

伦纳德认为，纵使我们有强烈的激情和理想，但一切都要靠我们自己去努力争取。任何信条或信念，都无法掩盖希望与现实之间的鸿沟。他认为，我们在追求让人兴奋激动、带给人启迪之物的过程中，所做的事大都是一场徒劳（伦纳德估计，他这辈子做了"十五万到二十万个小时的彻底的无用功"）。伦纳德勇敢观看这个世界的美，但也看到了它的虚无：我们奋斗着、爱着，但宇宙终究是一场各种力量参与的、巨大的、麻木的游戏，没有任何最终的计划或目的。

他一直到死都坚持这个存在主义的信条。事实上，在他遇到弗吉尼亚时，他的宇宙观已经很坚定了，当然也有对人类内心的看法，他觉得人的内心长期处在虚弱或野蛮的状态。这个观点，很大程度上是他在殖民地锡兰（今斯里兰卡）工作时形成的，那里给了他一种更接地气的、关于自然"阴暗面"的教育。

2. 丛林

伦纳德在斯里兰卡待了近七年，这段经历再现了莱克瑟姆花园的惨痛教训，同时加深了对这个年轻的英国人的影响。伍尔夫一番恶补也没通过剑桥和公务员的考试，只能在国内做比较低级的工作，不过他的分数足以让他在殖民地选择一个更好的职位。所以，1904 年 11 月 19 日，不到二十四岁的伦纳德·伍尔夫起程前往南亚。炎热、恶臭、苍蝇、原始的生活方式和炽烈的忧郁气氛（伦纳德的信中充斥着这个词），这一切对他而言是完全陌生的。"在我看来，这简直就是一个荒唐的梦。"他用了整整五个小时写信，描写首都科伦坡的一切。跟很多英国人一样，他经常生病，他患痢疾、感到难以忍受的恶心，还遭中暑和慢性湿疹缠身。这里的虫子让他备受烦扰：就在他写信的时候，有两只蟑螂爬上他的腿，一只蟋蟀飞到他背上，还有蚊子和苍蝇这种"小瘟神"，甚至有一只"会飞的大甲虫"飞进他的眼睛。他的狗查尔斯不适应这里的气候和食物，很快就死了。伦纳德开启了他的第二次人生——崭新的、充满困惑的异域生活。

伦纳德在给里顿·斯特拉奇的信中写道，他早年的人生乏味、孤独、缺少陪伴。多年来他一直有轻生的打算。他说："生活的疯狂和痛苦让我惊愕。"他担心自己再也笑不出来。为了避免无聊和疾病，他逼着自己打回力球、壁球、网球和曲棍球，他还嘲笑侨民。（他写信给斯特拉奇说："这些女的，不是妓女就是巫婆或传教士，要么三者兼具。"）尽管伦纳德带有殖民者的态度，但他最终还是喜欢上了锡兰人和这里的风景。他喜欢用僧伽罗语跟佛教徒交谈，研究他们的东方哲学，他在难以忍受的原始、孤独的丛林中打猎、骑自行车，度过了漫长的时日。他十分喜爱动物，那是一种简单、纯洁的爱。

更重要的是，伦纳德在工作上始终努力。他对英国人和锡兰人之间的权力关系感到不安，并认识到法律的缺陷，但他认为法律改革的最好方式就是严格施行它，宁可在实践中看到缺点，也不可非法地回避问题。这种观念的产物就是一种奇怪的结合体，他一面勤劳地工作，一面心存疑虑。起初，他数钱、核账、签署信件、处理当地纠纷，后来升职了，他负责锡兰东南部的汉班托塔区，主持绞刑，但他很不情愿做这个。1908 年年底，他晋升为政府助理特派员，他写信给里顿·斯特拉奇："我工作，上帝啊，我就是这样工作的，我把工作简化成了一种方法，又将它上升成一种狂热。"他在自传的第二卷《播种》中写到了他喜爱高效率的工作——他总是追求"最经济、最快……最有条不紊"。作为一名行政长官和地方法官，他用武力和一贯的态度实施法律，不管法律本身有多不公正。这让伦纳德在英国人眼里和锡兰人那里都不受待见——当地人说，伦纳德就是哈雷彗星带来的"恶魔"。尽管如此，他还是坚持不懈，追求秩序和精确，尽管他对殖民统治存有疑虑，但还是信奉法律。他因此获得了晋升和更大的权力。

但是伦纳德以严厉的行政措施，掩盖了他心中对英国统治的许多质疑。对他来说，殖民统治岌岌可危，无法主宰丛林（死亡与疾病之地）。在他心中那个冷漠、暴力的宇宙中，一切都不会持久，一切文明成果都脆弱不堪，终会消逝。在他看来，心灵也是如此——快乐与理智充其量只是暂时的成就。他后来与弗吉尼亚的婚姻更是加深了这份领悟。

伦纳德的小说《丛林里的村落》里就有一个明显的例子。1911年，他返回英国后写了这部小说，因其中对农民生活的忠实描写受到英国官员和锡兰人的赞扬，自出版以来，一直在锡兰当地印刷发行。

这本书揭示了一心向往文明的殖民地心态。小说不是从英国殖民者或泰米尔人的视角来写的，而是从僧伽罗人的视角出发，讲述了锡兰丛林中一个名叫"贝达加马"的村庄里发生的故事。伦纳德·伍尔夫不愿对丛林的野性进行浪漫化的描写。这是一片低矮的森林，饱受干旱之苦，还有阵阵热风吹过。光秃秃的树渗出白色的汁液，树枝上挂着稀疏的地衣。这垂死的干旱森林深处长满了荆棘，覆盖了贫瘠的泥土和沙地。他写道："所有的丛林都是邪恶的，但没有哪个能比贝达加马村庄周围的丛林更邪恶。"

主角斯林杜是个怯懦的男人，他有两个美丽的女儿——彭吉·梅尼卡和欣尼哈米，他努力在这个村子里生存下来。他辛勤劳作、猎杀动物、采集食物，但总是欠村长的债。在丛林的"活生生的墙"中，像斯林杜这样没有受过教育也没有任何技术的村民是很无助的，村长和他的人却应有尽有：他们偷取钱财、食物，甚至妇女。他们就像丛林里的野兽一样，掠夺本村居民以满足自己的贪欲。当彭吉·梅尼卡和欣尼哈米拒绝成为性奴时，她们和她们的父亲遭到残忍冷酷的奴役。这个故事带有希腊悲剧中的宿命论：最终，三个村民被谋杀，两个被监禁，其余的逃离自己的小屋。随着丛林渐渐吞噬村庄，只有彭吉·梅尼卡一个人留了下来。伍尔夫用哀怨的笔调呈现了一幅令人不安的画面：

丛林向围墙内移动，最后围墙垮了，瓦屋顶塌下来。一堆红色的破陶土堆上长出了杂草，围墙的丛林树枝伸进茂密的灌木丛。那些大树的苗芽高高地露了出来。到第三场雨停后，院落和房屋已完全消逝了。

作者的观点也很明确：腐朽与毁灭总是虎视眈眈，伺机接管一切，它等着人类的失误，等人变得自私，然后破坏掉社会脆弱的平衡。丛林首先是内在的，然后是外在的——首先是人心的贪婪与虚荣，然后随着文明的倒退，迎来的是"无法穿越的杂乱的荆棘与蔓草"。

3. 婚姻与战争

1911 年，伦纳德卸职后带着这种想法回到英国。不久后，他与当时著名的文学评论家莱斯利·斯蒂芬的女儿弗吉尼亚·斯蒂芬结婚了。弗吉尼亚生于一个富有的贵族家庭，她身上结合了权贵的信心、自命不凡，还有肢体和社交上的笨拙。虽然弗吉尼亚不像姐姐凡妮莎那样富有古典美，却给刚从殖民地回来的年轻小伙留下了深刻印象。他以伯里克利[1]聪明文

---

[1] 伯里克利（约公元前 495—前 429），古希腊著名政治家、民主制度的代表人物。

雅的情人的名字"阿斯帕西娅"[1]称呼她（"我爱上了阿斯帕西娅……倾倒在她的脚下"）。幸好，这种感觉不是一头热，尽管弗吉尼亚更为谨慎，她不知道如何对待她眼中这个"身无分文的犹太人"，但她的确用笨拙的方式与他调情。她的弟弟艾德里安写道："她求爱的方式就是什么都不说，只会行动，还会抛媚眼，我敢说她会成功的。"

伍尔夫定居伦敦时，弗吉尼亚和凡妮莎已经搬到了布伦瑞克广场，那里也是后来大名鼎鼎的"布鲁姆斯伯里文化圈"的大本营。伦纳德经常造访布伦瑞克广场，在那里与弗吉尼亚一起度过了"一生中最激动的几个月"。他们直率地讨论书籍、艺术和政治，还交换了对婚姻的看法。他们俩都特别坦率，谈到了自己个人的缺陷、朋友的情事和种种荒唐事，以及对孩子的希望。第二年，即1912年8月，他们结为连理。

伍尔夫夫妇虽然没有孩子，但拥有充满爱与温柔、琴瑟和鸣的婚姻。他们都十分勤奋，专注于写作，喜欢直率、机智的对话。从他们在蒙克屋的写作中可得知，他们留给了彼此工作和社交的空间，又没有牺牲每天的亲密时间。但弗吉尼亚经常病得很厉害，很让人担忧。她一开始是头痛和全身乏力，很快就发展成厌食、产生幻觉和肢体疼痛。在他们结婚头几年

---

[1] 伯里克利的情人，以美貌与智慧闻名希腊。

里，弗吉尼亚就自杀过一次，当时她吞下了大量麻醉剂"佛罗拿"。她在苏塞克斯的哥哥乔治的达林岭别墅里疗养了几个月，体重急剧下降，还动手打了护士。她需要一直有人照顾，这个人通常就是伦纳德。

伦纳德是一个尽职尽责的看护和监护人，他安排她的一切用餐事宜、社交电话、工作日程，但这些事情也拖垮了他。他日渐消瘦，并伴随着头痛。他没有放弃，是因为他爱着弗吉尼亚，急切地想让生活回归正轨。但一切都只是印证了他的那个观点：这个世界不可能一直和谐安宁，必须孜孜不倦、坚忍执着地掌控它。里顿·斯特拉奇在给克莱夫·贝尔的一封信中说，伦纳德"自始至终都没有抱怨过一句，也没有表现出一丁点儿的势利"。他想，那大概是出于"犹太人的教养"，伦纳德后来在回忆录中也对此表示赞同。不过这也是伦纳德在锡兰工作时养成的自律，也是他童年的经历使然。对伍尔夫来说，理智只是一种暂时状态——有些人在保持理智方面也就是比其他人强一点儿。他不感到可耻，也不因畏惧而退缩，这只是一件需要认真处理的事。他在《重新开始》一书中说，弗吉尼亚的症状"与普通人相比只有程度之别，而无性质之别"。只要长期睡眠不足、营养不良、缺乏锻炼，任何人都可能从健康状态走向精疲力竭，乃至发疯。他继续像平时那样直言不讳道："每个人都有点儿发疯的迹象。"

伦纳德婚后两年，"一战"就爆发了，他感到恐惧，同时也以一种务实的态度来看待这场战争。对他来说，这场可怕的战争摧毁了英格兰的广大乡村，连绵起伏的土地上原本到处都是"平房、农舍、商店、棚屋、鸡舍、小屋和狗窝"，战争不仅摧毁了乡村景致，还破坏了乡村生活的节奏和意义。当然，他们所在的苏塞克斯没有遭到轰炸——那是下一代人的事了。相反，苏塞克斯发起了许多战后重建项目，为军人提供生计和住房，并推动经济复苏。可怕的是，战争的伤亡十分惨重。战争结束的时候共有三千五百万名士兵伤亡，其中包括伦纳德的弟弟塞西尔，他被德军的炮弹炸死了，另一个弟弟菲利普身受重伤。伦纳德对此的感受是，这是一种无比的浪费——维多利亚时代终结了，一个令人更加迷茫的高速发展的时代开始了。像往常一样，伍尔夫没有长篇大论地表达哀思，而仅仅是反思人们浪费掉的机会。他在《重新开始》一书中写道："我觉得破坏没有任何意义，除非你能用更好的东西替代你毁掉的一切。"伍尔夫说，这场战争不啻一次"晴天霹雳"，击中了他们这一代人，这与他们所期盼的温和的文明传播完全背道而驰。但事后看来，他看到现代战争的力量一直都存在于人类的内心和社会当中。他在西方文明中看到的伟大成就，是对可贵的个性的发展和保护。他称这种个性为"我"，那个"我"是偶然的、脆弱的。他在《重要的是旅途而不是抵达》一书中说，我们不可能总是能阻止摧毁"我"的力量，只能管理它或者推迟它。因此，伦纳德在战争中和战后都投身于国际联盟的工作。虽然他的工作并不能保证和平与进步，却有助于在一定时间内遏制暴力和野蛮。

"二战"临近，伦纳德依然持有这种观点。先是他的朋友里顿·斯特拉奇和罗杰·弗莱死了，接着是他的侄子朱利安·贝尔在西班牙内战中驾驶救护车时被杀。伍尔夫的母亲也过世了，尽管他们不是很亲近，但伦纳德还是强烈感受到了她离去的事实。他在《每况愈下》中写道："当灵柩缓缓地落入坟墓，我感到了与她的第二次分离[1]。"这些失去，都为"二战"定下了一个可怕的基调，战争对伦纳德来说似乎是不可避免的，他只能"无助、无望"，眼睁睁地看着它的到来。虽然这场现代战争带来的杀伤力前所未有，但看似不可阻挡的大规模屠杀，在历史上却屡见不鲜。他写道："有史以来，男男女女……一直面临着巨大的危机和灾难，面临着群体性的野蛮、愚蠢行为带来的残酷的后果……1939 年八九月，我们在罗德梅尔和伦敦的所有人，平静、沉重、无可奈何地面对着这一切。"

战争还未结束，弗吉尼亚在 1941 年自杀了。那时她刚写

---

[1] 第一次是出生时脱离母亲的子宫。

完最后一本书《幕间》，她越来越抑郁，这种心理状态是压力与过劳的后果。她的日记断断续续，有时内容显得十分病态。她在那年一月写道："这就是那些有意思的事情吗？它们让人回忆，它们在说：停下来，你已经够好了吗？天哪，在我这个年纪全部的生活都是如此美好……可是，在山的那边，不会再有玫瑰色、蓝色、红色的雪了。"头痛、失眠和幻觉再次发作，这吓坏了她。伦纳德早就察觉到她精神错乱的"早期"迹象，并试图控制她的病情。他写道："她唯一的机会就是屈服，并且承认自己病了，但她做不到。"

鉴于伦纳德的生活与婚姻状态，他的世界暗淡无光就不奇怪了。对伍尔夫而言，从锡兰令人疯狂的水牛和蔓草，到弗吉尼亚的精神错乱与战争，只有咫尺之遥。在《重新开始》中，他写道，二者都是噩梦，只不过一个是私人生活的噩梦，另一个是公共生活的噩梦，不管是哪种，生活都是一场与丛林展开的持久战。

这种哲学，完全不是英国农舍花园里的太平美梦，在那里，花园的野性给人的是多姿多彩的感受，而不是骇人听闻的现实。怀着这种观点，伦纳德没有躲进冷清、安全的都市公寓，没有待在砖石大楼里远离失控的生活——还真是出人意料。据我们所知，他的确没有。跟其他伦敦同胞不一样，他热爱乡村。花园和苏塞克斯的美景令他着迷。这似乎有些自相矛盾，伦纳德·伍尔夫充分看到了花园的可怕和凋败，却一生都在跟泥土、虫子和暴风雨打交道，双手沾满泥土。

他当然不指望在花园里找到永恒。弗吉尼亚有一次叫他进屋听收音机里的希特勒演讲。他说："不去，我在种我的鸢尾花呢，到希特勒死了我的花都还开着呢。"（据《每况愈下》一书所写，那些花的确开了很多年。）可是，伍尔夫也知道，这种小小的长久，也无法战胜自然的力量。他在《回忆录》的最后一卷里写道："我对自己的这些琐碎之物并不在意，我的书、我的出版社、我的花园、我的记忆，它们会在我死后继续存在多年。"面对死亡，花园也无法带来些许慰藉，但花园是一个引人注目的象征，它是对死亡的公然挑衅：紧紧地拥抱生命，尽管到头来一场空。他写道："我把工作看成我们生而必需的事情，甚至，工作就是一种自然法则。"

伍尔夫也把花园当作远离人群、远离"愚蠢和非人性"的避风港，他在《重新开始》里写道："每次我成功地从人群中挤出来自己待会儿，总能松一口气。"

4. 花儿与骨灰

伍尔夫在蒙克屋花园里做的，远不只是继续坚持或躲避社会的羁绊。他热爱园艺，他的投入有一种哲学意味。具体而言，他在直面外部世界和他内心世界的两种剧烈冲突。他所有的作品里都有一种秩序与混乱对峙的张力，这种张力表现为各种形式：法律与社会失序、理性思考与非理性信仰、和平与暴力、理智与疯狂。在每种情况下，伦纳德似乎都站在前者的一边。在漫长的一生中，他一直在追求安全、理性、精确、正义和心理平衡，不管这个愿望多么难以实现。他在《重要的是旅途而不是抵达》一书中，将其概括为希伯来人持有的正义与仁慈以及希腊人崇尚的自由与优美。他的《播种》一书里的一段话更深刻地指出了这一点，他痛惜童年就已经丧失的安全感：

在我的一生中，虽然经历过几次人世的凄怆，比那个满是尘土的常春藤和蛛网的花园更加凄楚，但我再也没有找到任何安全和文明的地方，能比得上煤气灯下的苗圃。

这是伦纳德内心的斗争。他在《每况愈下》中写道："即便是做一个普通的文明人，也是艰难而痛苦的。"

让伦纳德与众不同的是他的直率。他认识到这一根本冲突，承认自己的力量和无助，并且坚持下来。尽管他是个公众人物，但也是一个肉体凡胎，他相信自己的"我"是宝贵的，湮灭它是"非常可怕而且野蛮的"。对伦纳德来说，家就是这个"我"的庇护所。尤其是花园，那是他挑选的一座避难所，在那里可以远离公众事务，也许还可以远离弗吉尼亚反复无常的精神病发作。然而，由于他的诚实，蒙克屋从来都不是逃避现实的地方。相反，花园让他看到了在世界上以及在他内心不可避免的冲突景象。这呼应了他一生参与的公开斗争和生存斗争。他可以在认识到衰败、暴力和腐化的规律的同时，享受自己严谨、精确的品位。他的苏塞克斯花园既是"残酷且危险"的锡兰丛林，也是井然有序的殖民地办公室。它表达了战时的焦虑，也倾诉了居家的渴望，同时也记录下来之不易的文学和婚姻中的片刻满足。花园诉说着衰败与生长、死亡与重生。

在这方面，弗吉尼亚自杀后，蒙克屋就显得更重要了。在发现她遗书后的几个星期里，伦纳德一直陷入呆滞的状态，有时什么都做不了。他在《重要的是旅途而不是抵达》一书中写道："我就像一只被猎杀的动物，精疲力竭，只能凭着本能把自己吃力地拖回洞里。"不过，他仍继续着自己的工作。他撰写文章、打理霍加斯出版社、编写《新政治家》和《政治季刊》，还兼顾在费边社和工党的工作。当然，毫不意外，他还在打理花园。弗吉尼亚死后不到一个月，他们在梅克伦堡广场的办公公寓再次遭到炸弹袭击。伦纳德还在悲痛中，他驱车前往伦敦，但是很快返家，回到花园。第二天，几个骑单车的少年在乌斯河边玩耍时发现了弗吉尼亚在水中的尸体，这时离她自杀已经三周了。他在太平间认出了她，第二天又接着打理花园。他的日记是用绿色墨水写的，已经模糊了，上面写着："工作。驾车。纽黑文。验尸。花园。"伦纳德将弗吉尼亚火化后，将骨灰埋在大草坪上的一棵榆树下，那里有两棵榆树，分别命名为"伦纳德"和"弗吉尼亚"。每一次伦纳德走在草地上，或者听到榆树发出的熟悉的沙沙声，他都一定会痛苦地意识到已经失去了她。战后，当伦纳德和他的新伴侣特雷基·帕森斯"满怀热情地……打理花园"时，他都带着对埋在附近的弗吉尼亚的怀念。在他生命的最后十年里，也常常打理果园，包括那棵"普罗瑟罗先生"——五十年前在蒙克屋时他和弗吉尼亚给一棵苹果树起的名字。在他的《回忆录》中，他称这一切为"命运"，它不是某种神秘的天数，而是历史力量的累积结果，包括公共和私人领域的历史。试图摆脱这种命运是没有意义的，他只能用"沉默、坚定的自制力"让自己淡然地习惯这一切。

因此，伦纳德这位人到中年的才子，在苏塞克斯天寒地冻的一月，穿着两双袜子修剪苹果枝。待在花园是他在亲身对抗他又爱又恨的世界。这种对抗不会持久，他也不会活得太久。但这种努力是值得坚守的，因为这恰恰是写作与阅读的意义所在：追求一种更清晰、更冷静、更诚实的生活。伦纳德用他脏兮兮的双手和冻僵的身体，直面生活中最基本的不确定性——他一次只修剪一棵苹果树。

第五章

尼采：思考的柠檬树

我的一切本性都在对我说：赞美我吧，推动我吧，安慰我吧。其余的，我一概听不见；或者，即使听见也立刻忘却。我们只与自己交往，一直如此。

——尼采《快乐的科学》

尼采在一棵柠檬树下徘徊，喃喃自语。对于索伦托当地人来说，这座果园没什么特别的，不过是产水果而已，制作柠檬酒（当地著名的甜苦参半的利口酒）所用的果实就来自这里。但是，在从巴塞尔大学请假休养期间，这片柑橘林对这个三十三岁的年轻哲学家别有深意。尼采眯着发红的双眼，避开意大利秋日的阳光，一边散步，一边整理他"邪恶的思想"。这是他充满哲学意味的日常生活的重要一环。

这个生于普鲁士的孱弱作家，他的清晨是从热牛奶和一杯茶开始的，然后是口述写信或记录想法，之后寄给阿尔伯特·布伦纳。后者是住在鲁宾纳奇别墅的另一个年轻德国人，而这栋别墅是由他们的资助者玛尔维达·冯－梅森堡夫人租下的。接着，尼采会出门散步，常常一走就是好几个钟头。当他悠闲地散步或走在树荫下时，他的想法就如泉水般汩汩涌现。梅森堡在回忆录里描述了尼采试图在被疯癫和死亡撂倒之前完成新书（十年后他疯了，二十年后去世了），以及他如何疯狂地工作。在那个秋天后的几十年里，梅森堡不辞辛劳地反复刻画着一个细节：每次尼采站在这棵特别的树下，一个想法就"落"到了他身上。传记作家柯蒂斯·凯特说，这就是尼采的那棵"思考树"。

在尼采的哲学生涯中，他的思考大都是在花园、公园和树林中进行的。他对他的朋友保罗·多伊森说："头顶上得有片蓝天才能让我整理思绪。"因此，尼采对他的居住环境非常挑剔，一定得是美丽风景与宜人气候的完美结合。1887年年初，在尼斯，他看了四十栋房子后才定下来，而每次安顿下来，他都很难待久。他的年度旅行就是不断地追逐完美的天气，却往往是白费力气。1879年5月，他从瑞士巴塞尔大学退休后，逃到了山里的达沃斯[1]，但那里的天气不太理想，他又前往恩加丁山的圣莫里茨[2]。他兴高采烈地写信给妹妹伊丽莎白说："我仿佛置身应许之地。"但是他的新伊甸园很快在云与雪中沦陷，因此他又动身前往威尼斯，德国的马里昂巴德、瑙姆堡、巴塞尔，后来又去了意大利的几个小镇。他问他的作曲家朋友海因里希·科塞利茨："什么地方有充足的阴凉，永远蓝天，从早到晚有同样温和的海风吹来，而且还没有雷雨呢？"尼采到死

---

[1] 达沃斯，瑞士东南部的山顶小镇，温泉度假胜地。
[2] 圣莫里茨，瑞士东南部旅游城市，欧洲各国王室贵族热爱的冬季度假胜地。

也没有找到他的世外桃源。

尼采对居住环境如此挑剔，疾病是一个原因。1876 年，尼采前往意大利之前就被医生诊断出将会失明，并给他开了颠茄滴眼液。他忍痛把阅读时间限制在一天一小时左右，这点儿时间，对尼采这样的学者来说实在不够。所以，他着迷于索伦托柠檬树的树荫，借此缓解眼部疲劳，并减轻意大利的骄阳导致的头痛。

另一个原因是尼采生性孤僻，很容易为外界褒贬所伤。1879 年，《人性的，太人性的》一书出版时，尼采就备受恶心呕吐的折磨。这是一种身心症状，起因仅仅是他知道有人正在读他的新书。他与女性的关系也是在抛弃与沮丧之间来回摇摆——他全身心地沉浸在对恋爱与婚姻的幻想中，然后又被现实击垮。在结束与保罗·雷[1]和露·莎乐美那场灾难性的感情纠纷之后，尼采病得很重，几欲自杀。哲学家往往是机智、和蔼而富有魅力的，但尼采生来就无法拥有长久的亲密关系。因此，他热爱孤独。跟莎乐美分手后，1884 年 4 月，他写信给科塞利茨："我马上要四十岁了，到时还是单身，我对结婚从不抱任何幻想。"对于尼采笔下的主人公查拉图斯特拉来

---

[1] 保罗·雷，哲学家，尼采的好友，他向莎乐美求婚遭到拒绝后邀请尼采去追求莎乐美。

说，阿尔卑斯山的森林是"远离寄生虫、泥泞和蒸汽"（他眼中城市生活的象征）的避难所。尼采也无异于此，他在《人性的，太人性的》一书中写道："我们如此喜欢置身于大自然中，因为它不会对我们发表任何见解。"对这位哲学家而言，意大利的柠檬林是一片令人宽慰的野地——一片小小的"生存空间"，或者，借用他《善恶的彼岸》一书中的话说，是一种"美好的孤独"。

1. 游览于我们内心的城池

置身自然中时，这位哲学家也试图寻找自己——一个"更高的"尼采，最好能在树林里、山坡上，而不是在教堂、研讨室里发现他。在《快乐的科学》一书中，他说他的理想建要有高大的柱廊，这样他就能更接近岩石、花朵与树木，从而更接近自己。尼采写道："我们要化为植物和砖石，当我们流连于这些走廊和花园里时，就像徜徉于我们的内心城府。"这在一定程度上是对宗教建筑及基督教象征的批判，那样的建筑让不信神的人倍感压抑。[1]但这也是因为自然让他想起了自己的生存理想。

---

[1] 尼采认为，宗教建筑是上帝之家，是超自然的豪华交际场，在那里，无神论者无法产生自己的才思。

这个想法来自尼采激进的自然哲学以及他对 19 世纪思想传统的批评。当时的知识分子普遍怀有理想主义的观点。科学高速发展的同时，包括达尔文在内的许多科学家仍坚持自然神论，他们相信这个机械的宇宙有一个超自然的创造者。在哲学界，许多重要的理论依然基于基督教立场，或者受基督教传统启发，比如新柏拉图主义。还有一种思想传统是浪漫主义，这是一个广阔的艺术殿堂，常常把情感、自发性和有机体视为核心概念。这两种思想传统的共同点即坚信人们广泛理解的自然，具有某种神学家、先知和艺术家所理解的特殊价值或目的。

尼采是一个虔诚牧师的儿子，也是瓦格纳和其他浪漫主义作曲家的忠实粉丝，他最初同时被这两种传统感动，但最后，他认为自己的时代喜欢自欺和感伤，抛弃了坦诚，并且错误地赋予了自然以人性，如理性或情感。尼采认为这个世界"缺乏秩序、安排、形式、美、智慧，凡此种种"，他不愿把自然看作一种生命体、机械、艺术品或神圣法则——这些都是带有欺骗性的比喻。这些比喻大多来自形而上学：关于一个"可理解的世界"的传统看法，试图证明或证伪那个可感知的世界。尼采在《人性的，太人性的》一书中写道："是激情、错误与自欺制造出种种形而上学假设，并至今让人类感觉它们是重要的、令人畏惧或令人欣喜的。"对于尼采来说，一个真正的思想家能够直面世界的本来面貌，而不需要创造某种神灵或伟大的宿命来担任宇宙或存在的担保人。

然而，对尼采而言，这种哲学上的成熟是极其难得的。正因如此，启蒙之后的欧洲为虚无主义所困，在《权力意志》一书中，尼采称虚无主义为"最神秘的客人"。尼采认为，理性与科学的发展，往往与理想主义和感伤相伴而生。想想达尔文眼中的自然神吧，当这位博物学家提出"无神"的假说时，自然给了他无比的安慰。但放眼整个西方，人与自然的领域，渐渐丧失了超自然的解释和合法性。新学科涌现，经验与逻辑的分析方法应用到了更多领域：心理学、人类学、社会学与物理学（尼采自称是"心理学家"）。上帝、灵魂、神圣恩典、宿命论——这些传统观念失去了其正当合法性。对许多人而言，直接的后果就是走向虚无主义。人类创造了永恒和普遍的理想并对其深信不疑，少了这些理想，他们就会迷失方向，走向幻灭。如果世界的价值失去了宗教来源，也不再是冥冥中的安排，那一切就失去了价值，或者说一切都突然显得没有价值。尼采之所以在《查拉图斯特拉如是说》中大胆宣布"上帝死了"，原因就在于此。不是因为曾有过一个上帝，也不是因为哲学家是"弑神者"，而是因为西方正慢慢地摧毁自己虚幻的立足点，同时患上了严重的眩晕症。这就是《快乐的科学》中那个狂人在市集上演说的要点：

还有上下之分吗？在无尽的虚无中，我们没迷路吗？我们没感到空无一物的空间的喘息吗？不是更冷了吗？黑夜不是一直在向我们逼近吗？……我们还没听见那为上帝掘墓者的喧闹声吗？我们还没闻到上帝腐烂的臭味吗？

与尼采的声誉不符的是，他对这场上帝葬礼的回应并非是为了鼓吹虚无主义，绝对不是。相反，他认为最有头脑的人，必须诚实对待他们一直以来的所作所为：欺骗世界和互相欺骗。他反对艺术上和学术上的"纯粹"动机的神话。重要的是，尼采并未进行道德审判，他只是在呼唤更多的坦率和明智。这就是尼采著名的"权力意志"学说：人类是另一种自私的有机体，在最大程度上拥有体力、清醒的头脑、勇气和丰富的情感。在这种观点下，我们不能指望宇宙赐给我们终极价值和观念，也不能指望社会，而只能靠我们自己。他在《善恶的彼岸》一书中问道："什么？一个伟人？我总是只看到一个演员，扮演成自己理想的样子。"伟大是一场表演，而我们既是演员，也是观众，还是评委。

2. 自由精灵

因此，尼采的宇宙论尤其强调"过程"：创造与毁灭、生长与衰败、出生与死亡。在尼采看来，自然并不规定"应该"

或"应当"，它不具有道德性。自然的优点是善变与丰产。动、植物会生老病死，而自然是一个整体，一直在进行新物种和新环境的试验。这是一门残酷的进化课程，但它也传达了一种奢靡作风：千百万年来，大自然为了创新而心安理得地毁弃生命。无所谓发展，也无所谓目的，这只是一场新奇的游行，有时带来美丽、力量和健康，有时则引来丑陋、虚弱与疾患。

与此过程相呼应的是尼采的存在主义视野。他对其笔下的超人们——查拉图斯特拉、狄俄尼索斯、"伟人"、"自由精灵"——抱有的期待，也是他对自己的要求：将痛苦置之度外，心安理得地去摧毁陈旧的思想和价值观。换言之，要坦诚地面对人类自身发展所肩负的责任，而非追逐一个虚幻的理想。在这背后，有一种强力的意志，它能够承受痛苦、孤独、嘲弄和悲伤，而又不放弃超自然的慰藉。在《偶像的黄昏》一书中，他称其为"用锤子进行哲学思考"。不过，尼采所说的挥舞大锤的"超人"并非一个破坏者，他信奉纪律和克制，讲究谨慎和细腻。自然让尼采认识到他的心灵在多大程度上属于生物本能反应，而他用《快乐的科学》中"风格"一词来把握这一点。他写道："无法掌控自我的脆弱之人，憎恶风格的束缚。"而像尼采这样的强者、哲学家，会用这种方式将自己投身于存在，即使他们身处孤独和病痛当中。

在这个新的视野中，自然提供了材料和工具，却没有给出蓝图：科学、形而上学或者神学都没有给出确定的答案。因此，尼采鄙视反犹太主义、民族主义以及它们错误的生物学和国家主义的基础，他也厌恶身为纳粹原型的妹夫[1]，这位妹夫显然是被荒诞的德意志民族优越感愚弄了。尼采认为，他们并非真正的超人，不过是软弱的愚夫，不愿或无法离开虚幻的确定性而活。他坚定地认为，人类必须更加强大，要像植物和动物一样存活，试验自身，而不靠任何担保和承诺傍身。尼采的超人只能生活在危险中，在维苏威火山边筑屋，就像他在《快乐的科学》中调侃的那样。他在《查拉图斯特拉如是说》中写道，超人必须像悬崖上的一棵树，"平静而专注地倾斜于海面之上"（请注意这里用植物来隐喻孤独和优越）。更确切地说，尼采心目中的伟人必须弃绝大学和沙龙，步入自然的伟力与恣意之地，而闭门苦思只适用于"虚无主义者"（他以此质疑法国小说家福楼拜）。

对尼采来说，索伦托的柑橘林并没给他什么慰藉，无法让他展望一个规矩而仁慈的世界。这里没有让人放松的休憩，只有挑战，让他试验自己的想法、价值观、职业和人际关系。"思考树"要求他摒弃家庭、阶级和传统教育中令人欣慰的确定性，要求他跟自然一样狂野暴烈、不可捉摸、标新立异。由

---

[1] 尼采的妹夫福斯特死于 1889 年，他是纳粹思想的早期鼓吹者。

此，尼采的花园帮助他在理论、文学和德语方面的创新上奋力前行。

随之产生的后果意义非凡。来到索伦托后不久，尼采的生活发生了变化。重点是，他与他的偶像、作曲家瓦格纳正式分道扬镳。这在一定程度上是因为瓦格纳的傲慢——他唐突无礼地致信尼采，命令这位年轻的教授给自己送裤子，这种做法让备受头痛和呕吐折磨的尼采无法接受。但这也是一场颇具哲学意味的决裂。尼采带着他新发现的自然主义的眼光，觉得瓦格纳过于神秘、超然、多愁善感——一句话，太"基督教化"了。他也看到，瓦格纳日益膨胀的"大师"派头，妨碍了这位作曲家走向伟大。过度沉迷于阿谀奉承，让瓦格纳远离适当的批评和反对意见，溜须拍马取代了鞭策伟大灵魂的争论。在瓦格纳身上，尼采看到了颓废的倒退。出于同样的原因，尼采也对叔本华提出了异议，而尼采在学生时代对叔本华的作品极为称颂。尼采尊重这位德国哲学家钢铁般的悲观主义、"过程"观和生动的散文，同时也谴责他犯下了与瓦格纳同样的罪过：他已变成一个出世的寂静主义者，从现实世界节节败退。叔本华的哲学是一种否定生命的哲学，而年轻的哲学家尼采却想给出肯定的答案——对本能、肉体及其自然基础说"是"。在索伦托的尼采，越来越坚定地拥护演化论。

在度过鲁宾纳齐别墅那段日子之后，尼采也越发孤独了。

与他日益增长的自然主义倾向不谋而合的是，一种越发强烈的冲动驱使他逃离巴塞尔知识圈，转而奔向海边，去阿尔卑斯山散步，或者偶尔到国外"治病"。他避开大城市，不参加聚会，从巴塞尔大学领取退休金后也不再担任教职。那个都市的古典文化学者、叔本华和瓦格纳的门徒不见了，代之以一位孤独的实证主义哲学家。他越来越醉心于花园和公园，远离书本、咖啡馆和同辈、同行。他不会走进传统婚姻，或者（他很快就意识到了）自己根本就不会有婚姻。他越来越敌视母亲和妹妹的保守。（他在自传《瞧，这个人》中写道："当我试着寻找与我完全对立的东西时，最后总是找到我的母亲和妹妹。"）这一切都与他的自然主义倾向和争取独立联系紧密。最终，他的精神异常夺走了这份自由，他在妹妹的照顾下直到去世，他不可能知道自己对现代艺术和文学的贡献，也不可能知道妹妹对他的贡献进行了纳粹式的歪曲。但是，尼采神志清醒的时候，他与保守的思想，以及令人分心的家庭纠葛保持了相当大的距离。索伦托的果园和树林是尼采迈向激进哲学家的重要一步。它们鼓励他成为自己希望成为的那个天才，即使他已丧失了视力和神志。

通过这种方式，柑橘林帮助尼采成为那个"遗著作者"，他在《瞧，这个人》一书中就是这样称呼自己的。1900 年尼采逝世，接下来的几十年里，他的激进思想对现代思想产生了深远的影响。他的影响，不是一个独立的思想体系，更不是纳粹鼓吹的崇高的精神权威，而是一份有关智识和勇气的遗产，一份独辟蹊径和远见卓识的遗产。传记作家霍林代尔说："尼采留给我们的不是一条可以宣扬的教义，而是一个个体的人、一位拥有高超的能力和技巧的语言艺术家、一位具有无比深邃的洞察力和严谨原则的哲学家。"20世纪哲学界的一些伟人，如亨利·柏格森、马丁·海德格尔、米歇尔·福柯和雅克·德里达，在思想上皆受惠于尼采。在心理学领域，弗洛伊德和荣格影响深远的著作都与尼采的渊源颇深，比如个体与社会之间的病态冲突、艺术和思想的无意识和本能基础、意识本身的晦涩。尼采也影响了许多作家和艺术家，从托马斯·曼、罗伯特·穆齐尔的史诗级现代长篇小说，到马克·罗斯科的神话般的色彩、乔治·德基里科的静谧、超现实风景画，无一不受到尼采的影响。这个被传记作家德吕迪格尔·萨弗兰斯基称为"思想实验室"的人，至今仍激励着人们进行现代生活和思想的试验。

3. 成为你自己

尼采式的花园是一个关乎存在的挑战。这是一门功课，尼采有一句名言，借用了希腊诗人品达的话——"成为你自己"。显然，大自然会让人类遭遇地球上难以预知的力量。宇宙是无意义、无目的的，这种尼采式的领悟可以让人获得深刻的解放。它让常识和传统价值观突然变得微不足道，而这可能是迈向养成独立性的重要一步。更重要的是，它还表明，第二自然，即我们的天性或者物理性是尚未完成的，人性并不由宇宙法则或者神圣律令来决定。这就是尼采的观点：我们都是正在创作中的作品，就像索伦托的柠檬和冷杉——只有我们才能更小心翼翼地塑造自己。

而凡事都有两面，花园同样揭示了人的这部鲜活的"成长小说"是多么艰深，我们的自由会多么轻易地被妥协掉。不管我们多么新潮，依然会受到本能、习惯和条件反射的支配，尼采自己就深受厌女症的困扰。花园正反映了这种冲突：即便是修剪得最有模有样的院子，又是割草，又是剪枝，又是清理杂草，也还会不断地受到外力的影响，破坏掉已有的秩序和样式。但尼采相信，我们的本性也是可以驯服的。这就是尼采在《人性的，太人性的》一书中写"清醒的感情"的原因：我们必须对自己持有几分无情，以克服上瘾、妄想和错误的偶像崇拜。关键不在于抽象的知识，而在于哲学家所说的"风格"：一种更加引人注目的、优雅和精致的生活，一种大胆地将生物必然性与心理自主性结合起来的生活，而这恰恰是他在索伦托、在洛肯的儿时家中、在尼斯的玫瑰和天竺葵中看到的平衡景象（"一点儿没有北欧的气息！"他逗趣地对妹妹和妹夫说）。在他的故事里，在启发了他灵感的花园里，尼采向我们提出挑战，要我们用勇气和艺术才华塑造自己，而不是屈服于娱乐消遣或已完成之物。尼采在《作为教育家的叔本华》中写道："我们多么迫不及待地把我们的心献给国家、赚钱、交际或者科学，只为了不必再拥有它。"

4. 漫游者

在尼采流连于索伦托的思考树下十年之后，四十四岁那年，他疯了，起因也许是在一次罕见的性接触中染上了梅毒。但对他来说，风景依然具有关于存在的价值。尼采在写《瞧，这个人》时，都灵的秋天常常让他欣喜若狂。1888 年 10 月，这位哲学家激动地写下"闪闪发光的灿烂黄叶"和"天空与大河都是湛蓝的"这样的句子。理智的思考不见了，代之以某种神秘的光环，这样的措辞，与其说具有哲学意味，倒不如说更像先知的口吻。他谈起这个城市时说："克罗德·洛林[1]，我做梦也没想到它那么美。"在短短几个月内，尼采写作时开始用"狄俄尼索斯"来署名，并写下了刺杀德国皇帝的计划。在脆弱、分裂的心理状态下，弗里德里希·尼采终于变成了他所说的超人，而都灵的所有花园，都散发着悲剧的气息。

---

[1] 法国新古典主义风景画大师。

尽管这很令人痛心，但我们要看到他一生对花园与户外活动那纯粹的热爱，这一点很重要。在尼采的整个哲学生涯中，他对自然非同寻常的敏感体现在他的思想之中，这象征着某种清新光明的思想，摆脱了形而上学的阴郁和存在主义的怠惰。这个疯癫的尼采、策划阴谋的"狄俄尼索斯"，也是《人性的，太人性的》一书中的"漫游者"尼采，他对他的思考树怀有一份感激：

　　　　上午，他沉浸在灵魂的平静中，静静地漫步于树荫下，从那枝叶繁茂的树上落下来砸到他身上的，只有美好和光明之物，这是自由精灵的赠礼，他们以山林与孤独为家，是同他一样的漫游者与哲学家，有时欢喜，有时沉思。

第六章

科莱特：欲望与玫瑰

我随时都可以轻松地翻过一道门，跨过一堵墙，爬上一片倾斜的屋顶，以这样的方式获得自由，但我下来，一站在花园的砾石地上，幻灭与信仰又会袭上心头。

——科莱特《茜多》

西多妮·加布里埃尔·科莱特是法国最受赞誉的现代女作家。不过，赞誉的背后是丑闻缠身。1893 年，二十岁的她从勃艮第乡下来到巴黎，嫁给了一个城市无赖，这位新郎就是人称"威利"的作家亨利·戈蒂埃–维拉尔。她在《我的学徒期》一书中这样写她的丈夫："一个无良男人几小时就可以把一个无知女孩变成一个荡妇。"科莱特在出版她的第一部小说《克罗蒂娜在学校》前，也就是在她的文学学徒期，一直在给丈夫代笔写作。这个伤风败俗的故事经过了她丈夫大幅的编校，主题是十几岁青少年的滥情、女同性恋、师生恋。作家拉希尔德有一篇发表在《法国信使》杂志上的评论说："除了荣耀，本书一定还会给作者带来一些别的东西 ——'殉难'，因为砸向她的石头和荆棘王冠再多都嫌不够。"

　　科莱特并没被吓倒，威利出轨时，她就在她的"客厅小牢房"[1]中继续创作"克罗蒂娜"系列畅销小说。在他们的婚姻中以及他们那怪异的和平离婚后，科莱特在一家音乐厅中表演了大尺度的惹火哑剧，赢得了观众阵阵掌声，却让保守派权威大惊失色。在同性恋变得普遍以前，她就已经是一个时髦的女同了。在一出红磨坊上演的哑剧里，她和恋人玛蒂尔德·德-莫尔尼（"米茜"）在台上公开亲吻，这直接引发了一场骚乱，甚至惊动了警察。科莱特作为演员到处巡回演出，她还是晨报的记者、剧评家、剧作家——由于名声不佳，她经常用笔名写作。

与此同时，一些戏剧性事件继续在她的生活中上演。结束了与米茜和其他人的几段男女关系后，科莱特嫁给了亨利·德-若弗奈尔，还生了一个孩子，也取名为科莱特，小名叫"贝尔加苏"，这个孩子多数时候都被她丢给一个英国保姆抚养。当科莱特引诱比她小三十来岁的继子贝特朗时，再度引发社会的一片哗然。亨利的秘书说："她属于20世纪性革命的一代人。"她是永远的乐观主义者，居然还结了第三次婚，嫁给了莫里斯·古德盖。在她的一生中，科莱特令人惊叹地创作着，保持着她对散文的"无情掌控"，毫不收敛她的享乐主义和大胆出位的作风。她还把自己和一些有钱朋友的钱投资

----

[1] 她的丈夫将她锁在屋内逼她写作。

做"科莱特"牌的美妆产品（据一个朋友评价，这不过是一种"野鸡"时尚）。简单来说，与其说她是一个美妆老板，不如说她是个优秀的策划人。科莱特在美容行业并没有多少天分，但她带着一股子猛劲儿一头扎进去，就跟她写小说并享受性、美食与爱情一样。科莱特也许是一个冷酷、善变又虚伪的女人，但在一个保守的时代，她最大的丑事则是身为女人，竟敢于承认自己旺盛的欲望。

1. 巴黎皇宫

威利带科莱特初次亮相巴黎四十多年后，我们发现科莱特仍留在首都巴黎，住在皇宫附近的新公寓里。她坐在长沙发椅上，腿上搭着一条毛毯。尽管她背靠着枕头，脚上趿拉着宽松凉鞋，她还是觉得很不舒服。她的后背和臀部都很痛，两只脚一直肿到了脚踝。由于得了关节炎，她的手弯得很厉害，紧紧握着派克多福钢笔。她说，除了她的猫，常伴在身边的只有"永远不变的痛"。她的台灯被上等蓝纸遮住了，灯还亮着，所以她的朋友知道她在写作。她坐在一张牌桌边，桌上摆着更多的蓝纸，还有没读过的信，花瓶里还插着一束饱满的粉玫瑰。她在纸上飞快地走笔，一度自夸这"就像煎鸡蛋一样容易"。这位法国荣誉军团勋章得主在她的文学游戏上仍是游刃有余。

她写作的时候，听到了外面传来的抵抗军狙击手的枪声。她在《晚星》一文中写道："枪声在整个花园的墙壁上回荡着，回荡着，带着一种戏剧效果。"科莱特想靠在窗边看热闹，但太危险了（"他们的枪法太烂了"）。但是在白天，她津津有味地欣赏着一切。窗下就是布局对称、工整的皇宫花园：这是一个 18 世纪的花坛，中央有一座干涸的喷泉，周围是酸橙树的林荫道。早晨的阳光驱散了薄雾，科莱特的目光时而落在浅蓝色稿纸上，时而投向窗外的一片绿意。她看见占领这里的德国军官身上别着手枪四处逡巡。她尽情地享受着皇宫的田园诗意，就在巴黎的门槛儿上，如她的朋友所说，这是"另一个乡下的家"。这里有童年家园的紫藤花香，有蜜蜂落在窗台上，还有孩子们的欢闹。她会死在这里，想到这个，她就很欣慰。她在《皇宫》一文中写道："我必须面对自己的死亡，我喜欢这个想法……在修女们乘过凉的一座凉亭的残骸边……观看。"她几乎能闻到柑橘叶子的味道了。

　　情况大抵如此，科莱特已经卧床不起了。而且，随着年龄的增长，她将更频繁地忍受这种痛苦——现在她只能被人抱下楼，去大维富餐厅品尝她最爱的三文鱼酥。这个房间又小又闷，花园的灯影跟她过去的圣特罗佩度假地一样遥远，也跟童年时勃艮第的玫瑰一样遥不可及。再也没有爬上铁拱门的藤蔓或者番茄了，她的左手轻轻抚弄着粗硬的皮草毯边，望了望窗

外，又开始写字。在声名狼藉了一辈子之后，这位年逾古稀的作家做了最后一个梦：花园。

"我再也没有花园了。"科莱特在《鲜花与水果》一文中写道。不过没关系，她依旧可以做白日梦。她继续写道："我担忧的是，我能否想象出未来的花园（存不存在并不重要）。"她的头脑依然清醒，就算活不到未来，她也可以书写未来。她会种下蓝色的獐耳细辛，给一篮荷花牡丹镶边。她说，她的三色堇"就像亨利八世"。她还会造一座凉亭，搭上架子，让筒钟状的电灯花爬上去。她的花瓶里会插满洁白的百合，晚香玉则会爬到楼梯上。如果花园在布列塔尼，科莱特会种下瑞香花；如果花园在湖边，她会种下蜡梅，蜡梅好比花朵中的夜莺，长相平平却幽香宜人。她写道："我太爱这座理想的花坛了，它是用那么多'如果'打造而成的。"这是科莱特用美学热情编织的福袋，实用性或可行性根本不重要。对她来说，重要的是幻想本身——用幻想抵御遗忘。她写道："我会把它们全部挖起来放到地沟里，有些在我的记忆里，有些在我的想象里。在那里……它们会遇到腐土、微苦的水、适宜的温度，还有感激之情，这些也许会让它们免于死亡。"由于过人的文学天赋，科莱特的白日梦仿佛触手可及，仿佛腐土和微苦的水此时就在她的沙发椅边。

2. 演奏大师

在"井然有序的孤独"里，科莱特生活在现实与想象的两个世界中。她有巴黎的公寓，还有各种消遣：粉丝的来信、鲜切花、邻居让·科克托[1]的来访，两人语带机锋地机智对谈，交换各种见不得光的小秘密。她还有一个内在的世界，以华丽的"如果"为界碑：这是两条漫长的记忆与幻想之路，往后通往童年，往前则指向死亡和未知。她越来越爱做白日梦，不仅仅是由她的日渐衰老使然。虽说岁月激发了她的想象力，但其性格并无太大变化。凋零也好，新生也好，她都投以同样的热情去喜爱。听上去很分裂，但其实十分一致。把科莱特全部的幻想糅在一起，就是一个宁静的法国桃花源，美景无限，鲜花盛开。

显而易见，这样的白日梦来自她田园牧歌般的童年生活。19 世纪末，她在勃艮第地区圣索沃的一个乡村度过了自己的童年。她的母亲茜多妮（昵称"茜多"）就是一个种花高手，园艺帮她排解了家庭的种种压力。科莱特在《茜多》一文中回忆道："她走到花园里，满腔怒火立马就熄灭了。"一年到头，茜多都守护着她的"宝贝"：绿色木头架子上的一盆盆幼苗。

---

[1] 法国诗人、小说家、画家，先锋派大师，1915—1925 年巴黎文艺圈的核心人物。

有一次，科莱特把手探进一个花盆光秃秃的泥土里，想看看里面有没有球茎或者种子。她母亲生气地说："你啥都不懂，就是个八岁的小败家子儿！"茜多痴迷她的花朵，大家都知道，她不同意把玫瑰用在葬礼上，圣体节上也不能用天竺葵。即使她不信国教，也有着这种世俗的信仰，这在科莱特的心里留下了深深的烙印。科莱特在《秋天》一文里写道："成年后我们会喜欢什么风格和类型的事物早在孩提时就已定型，孩子深深的凝视在刹那间就选择并塑造了未来画面的种种形象。"水仙花敲响春天的钟声、一顿家宴，都宛如一束鲜花或披着白雪的针叶林，这一切都为科莱特提供了独特的意象，并给她悠长的一生带去欢乐，给她的文章增添色彩，从她的处女作《克罗蒂娜在学校》（少女克罗蒂娜就热爱"深邃辽阔的森林"）到她晚期的回忆录和散文都是如此。

传记作家朱迪思·瑟曼指出，快乐的童年"在传记中跟在小说里一样稀少"。她质疑科莱特对少女时代的美好看法，认为这与巴黎文人的愤世嫉俗形成了鲜明的对比。但不管科莱特的白日梦源自哪里，是现实还是虚构，是凭空捏造还是据实修改，科莱特的幻想的调子都是前后一致的。她的作品里充满了对植物和园艺细节的亲切描绘，这些细节往往来自她在勃艮第度过的童年。她在《晚星》里写道："那时，我跳上一条过去熟悉的小路，以最快的速度走着，走向那棵高大、扭曲的橡树，走向那座贫穷的农场，在那儿，有人如此慷慨地分给我苹果酒和涂着黄油的面包。"如果这样的场景是虚构的，那对她来说也是必不可少的。作为一个失眠症患者，科莱特的无数个夜晚都是这样度过的——在昔日的风景中漫游。她的传记作者称她为"记忆演奏大师"。

她在臆想的未来里，同样对园艺充满热情。1925 年，五十出头的科莱特在圣特罗佩购置了一处房产。不过，她不是冲着房子去的，也不是为了投资或炫富（当时那里还是一个海鲜市场，还不出名）。她是冲着那儿的美景以及约一万六千平方米的地中海土地和植物去的。她写道："我有一栋房子，可这不算什么。"她给这处房产命名为"葡萄藤"。房子一到手，她就开始打造理想的花园。她煞费苦心地列出了番茄、茄子、龙蒿、鼠尾草、薄荷，还有黄色、粉色和红色的玫瑰，又用了一段华丽的文字描写藤蔓，写它们如何攀援在铁拱门上，蜿蜒而上地生长。"够诗意、够迷人了吧？"她自嘲道，但接着又为自己的白日梦找了个说辞："地中海沿岸如此让人沉醉，已经有不止一个稳重的人被冲昏了头脑。"就跟当时和现在的许多业主一样，科莱特兴奋地为自己的新房产做设计规划。但这个想法并不是等着被现实打击的枯燥计划，这个想法本身就是现实，是她脑海中一遍遍演奏的曲调。因此，她的散文充满沉醉的酒神气息："葡萄藤那紧致的曲线……松香味的风……

黄玫瑰散发出上等香烟的味道。"这是一场幻梦，只管享受它就好。

科莱特并不是活在醉梦中，即便年逾八十，她依然保持活力。1948 年 3 月，西蒙娜·德·波伏娃在一次紧张的拜访后，告诉她的美国情人纳尔逊·艾格林，这个上了年纪的故事大王还是活力十足，"（看完她）没人会想去看更年轻、更优秀的女人了"。她绝不是一个老古董，事实上，对科莱特而言，未完成的与未实现的一切——过去和将来、凋萎和新生、回忆与杜撰——都是同样真实的，同样值得深思与欣喜。在白日梦中，她不断地回顾着布列塔尼的花园、丰腴的玫瑰以及葡萄藤。对科莱特而言，这样憧憬具有让人重返青春的疗效。

3. 致命的匮乏

值得注意的是，花园将科莱特从她自己的欲望中解放了出来。科莱特那些大胆的风流事表明，她的行为是由十分强烈的欲望支配的。但跟大多数尝过放纵和禁忌滋味的人一样，她知道快乐不会持续太久。因此，她的爱人们在《纯与不纯》中不断地感到失落：他们渴望在彼此的互相掠夺中获得些许喘息之机，但掠夺彼此就是他们的基本处境。瑟曼总结道："这些爱人，或是给出欢乐却无法获得欢乐，或是攫取欢乐却无法给予欢乐……他们的年龄、欲望、自我和经验都完全不匹配……所有人都恍惚觉得自己被欺骗了。"这并不意味着科莱特没有享受快乐，相反，正是因为快乐转瞬即逝，它才会让人上瘾。她尝过与年纪小得多的男子的激情，也品过丰盛的三文鱼派带来的愉悦，还喜欢凉鞋上吹过的习习凉风。问题在于这些享乐实属特例，而非理所应当。在科莱特的心中，这是一个"狗咬狗"的世界，在这个世界上，所有人都在不断地索求，并总是你争我夺。科莱特在《鲜花与水果》一文中说："有多少罪行是一个国家向另一个国家施行的！"在科莱特的世界里，渴望永远不会终结，人们只会永无休止地去发现和追逐新事物。

对于科莱特而言，欲望是至关重要的生存原则。最初是食欲：当她还是小女孩时，发烧后，她推开放了药的鸡肉和米饭布丁，叹口气说："拜托，给我来点儿卡门芝士。"在一次严重的食物中毒后，她依然大口吃着肉馅卷心菜和葡萄干馅饼，喝着苹果酒——食物越丰盛，她恢复得越快。她坚信她的朋友安妮·德–佩内在 1914 年得了西班牙流感后是死于饮食不佳。她写信给朋友说："流感让她失去了抵抗力，也就是说，她总是饿着肚子。"她想通过弥补他人来施以援手，就试着安慰安妮的女儿，送了她一堆葡萄，然后又请她在普尼耶酒店吃大虾。科莱特认为，美食可以治愈身心疾病。

当科莱特步入少女时代，性具有同样的治愈作用，至少对恋人来说正是如此。科莱特在《纯与不纯》一书中将这描述为一种寄生关系——恋人要么是吸血鬼，要么是受害者。她写道："那些被我喂饱的人，把我变得空虚而憔悴。"就像贝特朗——她五十多岁时诱惑的那个青年。年轻时，她自己被放荡的威利"喂饱"，后来她在《我的学徒期》一文中写道，她就是"一个梦想着让老男人大开眼界，成为他的玩物和杰作的妙龄女郎"。对科莱特来说，快乐需要等级制：主人与奴隶、支配与服从、捕食者与猎物。她笔下十五岁的女主角克罗蒂娜就希望自己被情人欺负，她说："我不爱我能支配的人。"就连科莱特与宠物和孩子的关系都带着些凶猛。用她的话来说，她必须"制服"他人，以免被他们"制服"。她在《我母亲的家》一文中写道，小孩就是一个"快乐的小吸血鬼"。

因此，科莱特同时扮演了两种角色，并且都表现出色：一个是梳着长辫的天真少女，另一个是生猛的诱惑者；一个是任性执拗的孩子，另一个是严厉的母亲。两者的核心都是欲壑难填——总是需要被"喂养"，需要美食、性和心理上的满足。因此，科莱特一直畏惧空虚，她怕自己的空虚、怕世界的空虚。瑟曼写道："她极其厌恶空虚，她是出了名的欲求不满，而任何要命的匮乏都会让她感到极度恐惧，她的贪婪和恐惧是成正比的。"所以，科莱特对卡门芝士、波尔多葡萄酒、虐恋有着特别的渴望，而这一切都是在试图抵挡某种身心的匮乏感。

4. 对植物的冷静热情

花园似乎无法拯救这种消耗人的欲望。毕竟，玫瑰和松露就像法国作家一样，是欲望之物。它们进食、繁殖，然后死去。科莱特有时会看到这一点，但不久又忘了——植物总是被赐予"免死金牌"。比如，在《牢狱与天堂》中，她就借助了现代科学和电影来思考花朵。研究者认为，植物也有神经系统，所以植物也会痛苦，也许还会焦虑和愤怒。她写道："什么！花儿也残忍吗？它们也热衷于性爱吗？它们也野蛮残忍、任意妄为吗？"摄影技术将植物若干倍地放大，用延时摄影快速移动，这样一来，一株攀援的豌豆看起来就像一条蟒蛇，一朵百合则像一只鳄鱼。这些画面让科莱特颇感不适，但是她把恐惧压了下去，转而用乐观的目光来审视。她在《鲜花与水果》中写了一朵腐烂发臭的花儿，周围都是死苍蝇，她说："我宁愿对这一切毫不知情，让黑色的小秘密留在那朵声名狼藉的花朵深处吧。"在科莱特的世界里，花朵必须是纯洁无瑕的。对她来说，花是一种打破了宇宙定律的神奇之物。因此，《克罗蒂娜在学校》中的小镇，变成了一间鲜花盛开的闺房、一座洋溢着青春气息的梦幻乐园。

这似乎就是萨特说的"自欺"：认识到植物的贪婪，然后一转眼又否定。当然，科莱特无意在她的生活和写作中保持哲学上的一致。也许，这就是萨特在与她共进晚餐后说她是个"怪物"的原因，知识分子与学者的一般规则对她并不适用。无论如何，她对鲜花和花园的热爱，让她从自己残酷无情的世界中获得了真正的喘息。对性与食物的渴望，总是让科莱特想要更多，而植物帮她摆脱了欲望，让她不那么饥渴，而是更喜欢沉思了。

　　对科莱特来说，花朵并无神秘之处，也没有反复无常。花儿不会撒谎骗人，也不会背叛，无论是 1880 年还是 1932 年，无论是在巴黎还是在勃艮第，花就是花。简单地说，花朵是很坦率的，它们具有稳定持久的天性。正因如此，科莱特觉得她不必引诱或强迫它们（当城里人漫不经心地这样做的时候，她发飙了："巴黎人把所有花都掐死在了萌芽状态。"）。她乐于遵守自然法则，她称之为"致力于完美的劳作"。更具体地说，科莱特没有把花看作掠食者或猎物，而是冷静地看待它们。在《牢狱与天堂》一文中，她把这种态度描述为"对植物的冷静热情"。在这样的观念中，花朵就不再是被估量和操纵之物了。每一朵花都有自己的个性。我们从文中撷取一段：

　　　玫瑰啊，你在人类反复无常的手中蓬勃地盛放，随后又凋萎，人们滥用你，将你改头换面，驯服你，凡此种种，你依然有力量摆脱我们，并平息掉我们身上所有因爱而生的疯狂。

科莱特的玫瑰不仅是装饰品，它会邀请你去想象它的独特之处，这就是哲学家叔本华所说的"沉思"。叔本华写道，在这种状态下"沉思与冥想不再考虑事情的时间、地点、原因和目的，而仅仅关注事情本身"。对科莱特来说，这是一种富有想象力的重构。首先要认识到花朵跟动物一样，不具有特别的个性——它们的共性超越了植物的个性。科莱特观察了花朵规则的外形、颜色和季节性，赋予它们一种普遍个性，就是叔本华所谓的"一个持久的植物理念"。例如，三色堇就像亨利八世，"很普通，却很高贵……自满……迅速腐烂"。银莲花则很果断，静待时机，时机一到就突然绽开，"像被一阵狂风吹开的降落伞似的"。玫瑰则有庞大家族，一百朵盛开的玫瑰，就像同一个家族里的亲姐妹。她写道："没有太大的区别，也没有完全一样的。"这就是科莱特的短篇小说《猫》中艾伦所热爱之物，尽管岁月流逝，但母亲的古老花园依旧不变。他惊呼着："哦，还是一样的，一样的鼠尾草！"他甚至因为母亲的花园而离开了年轻的妻子。对于科莱特来说，这不是严谨的科学，而是一种文学创造，将艺术性与对植物的细致观察结合起来，力图对另一种生活进行一种没经过精心算计的、更慷慨的描述。

到了生命的末尾，科莱特冷静的理想主义变得更坚定了。例如，她写到了自己在人际关系中的冷静。她说，"给予与索取"的钟摆式反复让她疲惫不堪，她学会了与"旗鼓相当的人玩乐"。一定程度上，这是因为欲望随着年龄的增长减弱了，也是因为她在花园里的冥想使然：新的距离感、客观和克制。换言之，她没有寻找新的情人、新奇的菜肴、稀有的葡萄酒，相反，她换了一种态度来对待旧有的事物。她学会了用一种不那么贪婪的凝视取代她说过的"粉嘟嘟的爱的小嘴"——总体而言，这是她从花园尤其是从花朵那儿学到的一课，就像她的母亲一样，花朵教会科莱特改变自己的思维模式，让她获得了解脱。

至少她获得了部分的解放。对她的读者来说，幸运的是，科莱特从来没做到叔本华推崇的那种沉闷的、佛教徒式的禁欲。她是一个太过活色生香的人，无法过简朴、禁欲或者孤独的生活。她的作品本身就是一种暴力占有：用正确的词、短语、比喻串起一个个角色，就像她卧室里的蝴蝶标本那样。她的手稿上满是画线和改正符号。科莱特在《晚星》中说："我内心深处有一种不变的精神，一直延续到现在，让我像美食家追求美食一样寻找更好的、还要再好的词。"她一直坚持到了最后。快八十岁的时候，她仍然出入社交场合，她喝酒，头脑依然清醒，在科克托的眼里，她依然是个尤物。他写道："她坐在轮椅上，酒保把她推进来，我看到她美丽的眼波在顶级的玛函那[1]生蚝中游荡，她的头发像橄榄树一样，她的嘴像箭头刺出的伤口。"

不过，这种激情依然伴随着科莱特的理想主义——她对法国美景和植物的深切关注。"二战"结束后，七十多岁的科莱特出版了《晚星》。在一段感人至深的文字中，这位作家想象自己放弃了写作。在这次虚构的退休后，是什么伴她左右？不是她的丈夫莫里斯，也不是她的蝴蝶标本和水晶藏品，而是花。她想象自己会说："我不会客，除了这四边形的勿忘我、许愿池形状的玫瑰花，还有字斟句酌冥思苦想之后的沉静。"

1954年8月2日，八十一岁的科莱特在弥留之际翻阅着一本鸟类和蝴蝶的插图书。她很虚弱，很安静。突然，她抬起手来，指着窗外。"看！"她对丈夫莫里斯和管家波琳说。"看"，这个字就是科莱特的临终遗言。

---

[1] 法国最大的牡蛎产区，出产的牡蛎品质极高、味道甜美。

第七章

卢梭：植物学的忏悔

我坚信，不管对哪个年龄段的人来说，探索自然都是用一种最值得深思的话题来充实心灵，给心灵提供有益的养料。

　　——让－雅克·卢梭致德莱赛尔夫人的信，1771 年哲学家让－雅克·卢梭最杰出的才华并没有体现在逻辑、道德或形而上学方面，而是体现在他的自我标榜中。卢梭的文学作品呈现了作者本人一幅令人惊叹的自画像：一个勇敢、真诚、公正、崭新的 18 世纪法国人。当然，这有点儿理想化。他在《忏悔录》中夸耀道："我天生对同胞充满善意，我怀着对伟大、真理和美的炽烈的爱，无法去憎恨、伤害甚至索取。"卢梭怀着时代的感伤精神，带着些许自负，在描述自己的美德时极尽盛赞之词。

卢梭的文学形象吸引了富有的恩主，比如卢森堡公爵和公爵夫人，他们为卢梭提供住房、食物、衣服和庇护（公爵夫人希望自己能有幸获得卢梭的点滴友谊），也激励了法国大革命的领导人，他们将卢梭誉为"真理的现代殉道者"。苏格兰哲学家托马斯·卡莱尔曾打趣说，卢梭的《社会契约论》第二版，是以那些嘲笑第一版的人的皮囊装帧的。事实上，资产阶级革命派往往忽视了《社会契约论》，但卢梭的自传和虚构作品，如《忏悔录》和《朱莉，或新爱洛伊丝》，让他的形象鲜活，惹人喜爱。如果说旧君主制下的法国是腐败、虚伪和自私的，那么卢梭就是正直、诚实和无私的。革命领袖罗伯斯庇尔后来说："伟大的人啊，我深深思考过您的令人敬畏之处。我理解一个献身真理的高尚之人的全部悲伤。"

但是卢梭所有的美德，真的也好，假的也罢，都仅仅屈居于他的文采之后。身为作者的卢梭大胆而狡黠，以热情澎湃的抒情体塑造了一个圣人。1750 年，卢梭的一篇文章《论科学与艺术》获得了第戎学院的奖项，他在文章中痛斥人类精神生活的堕落和虚弱。这不是他的原创之处，古罗马的讽刺作家早在一千多年前就提出了这个论点。这篇文章之所以如此引人注目，是因为卢梭的行文风格，他的传记作家约翰·赫伊津哈[1]将其描述为"夸张、挑衅，甚至是冒犯的口气"。这篇论文让他获得了巴黎最高级沙龙的入场券，而且他的鲁莽和正义感，让他得到了被他痛骂的贵族们的称赞。卢梭有一种天赋，他在《忏悔录》中准确地写道，那是"以某种活力和勇气讲述有用但不受欢迎的事实"。

1. 欣喜若狂

但在很长一段时间里，写作并不是这位畅销书作家的热情

---

[1] 约翰·赫伊津哈（1872—1945），荷兰语言学家、历史学家。

所在。1765 年秋天，卢梭并没有在书斋中执笔写作，而是栖身在瑞士比尔湖圣皮埃尔岛上的树林里。他正在流亡当中。

三年前，他的《爱弥儿：论教育》出版，遭到了罗马天主教和新教当局的谴责和审判，罪名是借一位天主教牧师之口传播异端思想（不信原罪、不信启示……），而且还在书上署上了真名（法国对匿名的激进主义者更宽容）。他不仅书被烧毁，人身安全也受到威胁，甚至被当局下达逮捕令。卢梭从法国逃到了瑞士的莫蒂尔斯，半夜里有人用石头砸他的房子，他又迅速逃亡到圣皮埃尔岛。

卢梭悠闲地待在岛上的树林里，看上去就像某个宗教领袖——他穿着一件古怪的亚美尼亚长袍，袍子边镶着一溜西伯利亚狐狸毛，头上戴着一顶灰松鼠帽子，与其说他像马丁·路德，不如说更像大卫·克罗克特[1]。在他左边一块长了青苔的岩石上，有一本林奈的《自然系统》[2]，这是伟大的瑞士动物学家的作品。他右手拿着一个放大镜，他高高的鼻梁距一株夏枯草的紫色花朵只有几寸远。这株夏枯草洒满花粉的雄蕊

---

[1] 大卫·克罗克特（1786—1836），美国政治家、军人，在阿拉莫战役中立功并牺牲。

[2] 林奈的《自然系统》是一本对生物进行准确命名和分类的科学书籍，提出了按纲、目、属、种进行系统的分类，此书出版后，他成为世界公认的植物分类权威。

很长，尖端分叉，他说，这是一种给他带来"欢乐"的授粉戏法。

就这样，在这个小岛上，早饭后的几个小时里，卢梭都在写写画画，还常常把标本带回家解剖、晾干。他细致地观察了植物的结构和有性繁殖，并且编纂着他的《圣皮埃尔岛植物志》。这是这位声名狼藉的哲学家独处时的最大乐趣（《忏悔录》中以令人震惊的细节描绘了他独处时的其余爱好）。1776年，也就是他去世前两年，他回到巴黎后写了《一个孤独漫步者的遐想》，在书中他回忆道："每一个新发现都让我欣喜若狂，没有什么比这更美妙绝伦的了。"

2. 天才的流浪儿

圣皮埃尔岛上的植物是卢梭的完美伴侣，因为他和朋友的关系是出了名的紧张。

像狄德罗这样的哲学家很尊重他，但最终也因为他的蛮横无理，对双方共同朋友的诽谤以及他的殉道者幻想而与他决裂。还有戴比娜夫人，卢梭的一位恩主，卢梭说她要谋害自己，她后来把卢梭描绘成一个"踩着高跷的道德侏儒"。还有苏格兰哲学家大卫·休谟，卢梭逃亡期间就与他一起待在英国，他想尽办法向英王为卢梭申请了生活津贴。岂料，休谟这一番辛苦，换来的却是卢梭控诉他残忍、耍阴谋。卢梭写信给这位一头雾水的哲学家说:"你把我带到英国来,说是给我提供庇护,可实际上是为了羞辱我。"到这个时候,卢梭开始表现出癫狂的症状,精神错乱一直折磨着他,直到生命的尽头,但即使没有精神错乱,他也经常是脾气暴躁、十分不友善的。

卢梭也觉得自己是巴黎沙龙的局外人,跟伏尔泰这样机敏的哲学家在一起,他显得十分笨拙。他太任性,缺乏训练,无法进行严谨的研究和写作活动,也不善于培养自己彬彬有礼的举止。他在一封信中写道:"我就任由别人这样审视我。"他无法磨砺自己的举止和思想,但又不愿意放弃成名的野心,就以攻击他人的方式跻身法国的高雅精英阶层。他对这些学者、艺术家和他的恩主极尽挖苦嘲讽之能事,还针对许多文明的法国人。哲学家以赛亚·柏林写道:"卢梭是史上第一好斗的俗人,是个天才的流浪儿。"

因此,虽然卢梭认识许多博学多才之士,但法国知识界从没让他觉得舒服过。这种隔阂,一定程度上说明了他为什么喜欢圣皮埃尔岛上的植物,卢梭在自传体作品中用满含感激的笔调描述了大自然的宁静,由此反衬出知识界的聒噪。夏枯草不会嘲笑他的想法、服装和他的风流韵事,也不热衷八卦或诽谤。这些植物也让他摆脱了威胁——无论是真实的还是他假想的,那些对他名声和安全的威胁。植物让他摆脱了繁杂喧闹的巴黎生活。他在《一个孤独漫步者的遐想》中写道:"一种自然而然的本能，转移了我的视线，让我的想象沉静下来，让我第一次仔细观察壮丽的大自然。"对于从法国逃亡而来的卢梭来说，跟植物在一起的时光，就是远离文明社会纷争的假日。卢梭畏惧更多的论战，厌倦了无休止的争吵，转而把心思用在植物身上。这位哲学家可以吃早餐，或者在圣皮埃尔岛上散步到中午，而不必把时间和金钱浪费在别人身上。的确，这就是这位中年学者的余生规划。他在《忏悔录》中写道："这个岛上的各类土壤为我提供了丰富的植物，供我在余生中好好研究和自娱自乐。"

3. 自然状态

然而，卢梭对植物的冥思不仅仅是愤世嫉俗的避世或者廉价的休闲活动，对他来说，植物学是一种让他感知、识别和恢复他最珍视的自然的方法。它让他从烦躁不安和巴黎沙龙中得到了喘息之机，也帮助他重新发现大自然，以及他自己最好的一面。

卢梭的基本信念是，大自然是美好的，自然不只有用、美丽——虽然二者兼备——自然还在道德上做到了无懈可击。在《论人类不平等的起源和基础》一书中，卢梭写道，自然是"神圣存在"的产物。他在写给伏尔泰的一封著名的信中写道，这个存在是仁慈、明智和完美的。伏尔泰对哲学家莱布尼兹和诗人蒲柏的形而上学乐观主义提出了异议，指出这个世界充满普遍、持久的苦难。卢梭在 1756 年发表的著名回信中提到了他"坚忍不拔的性格"，他对仁慈的造物主及其作品充满信心。一定程度上，正是这种唯心主义导致了卢梭与更偏唯物主义和理性主义的哲学的决裂。卢梭在谈到宇宙时用了一个词："很美好"。正因如此，自然界中的一切都不带有恶意、残忍和欺骗。他在《论人类不平等的起源和基础》中指出，"自然……从不说谎"。卢梭非常谨慎地指出，自然对于道德和政治一无所知，善恶的理论概念对于自然来说毫无意义。然而他又认为，自然是道德上的楷模。他说："自然界的一切都是真实的，你不会遇到任何虚假的东西。"

卢梭认为，重要的是，人类本身就是诚实善良的，但只在理性和文明发展之前的"自然状态"中才是如此。在这位哲学家看来，最早的人类是幼稚的动物，缺乏理性和自我意识，但他们在道德上是纯洁的，没有"匮乏、贪婪、压迫、欲望和骄傲"这些罪。他将这些罪归咎于现代法国文明。在《论人类不平等的起源》中，关于自然的论述详细描绘了愚笨、强壮却高贵的原始人，他们以一种原始、孤独而优雅的方式悠游于自然中。1754 年，卢梭发表了这篇论文，而一百年前托马斯·霍布斯的《利维坦》也描绘了一种"自然状态"，他笔下的情景却完全不同，那是"一场人人为敌的战争"。在那里，他提出了著名的观点，认为人的生命是"肮脏、野蛮和短暂的"。卢梭对霍布斯挑起了一场正义之战，认为这位英国哲学家把现代人的特征投射到了原始人身上。卢梭认为，在理性出现之前，人类只遵循两个基本原则：自爱和怜悯。第一个原则是自爱，让人类得以生存和繁衍：寻找食物、住所和配偶。第二个原则是怜悯，卢梭将其描述为"天生就不愿意看到任何别的生命，尤其是我们的同类受苦或者死亡"。这两个原则是卢梭的"神圣存在"所为，它们让人类孤独，但也在必要时团结合作，彼此关怀。他写道："怜悯是一种自然的感情，因为它调节着每个人身上发自爱心的活动，有利于保护人类全体。"

卢梭认为，社会亲密关系和思想标志着这种田园牧歌的结束。他写道，在社会出现之前，"没有道德关系，也没有确定的义务"。同情心让人们不至于残忍，但他们基本上是没有道德的，他们冷漠、没有思想、全凭本能行事。但是群体的需要，让高贵的原始人丧失了原本具有的自由，在群体中，自然的不平等（智力、体力、美貌）加剧了政治上的不平等（阶级、地位）。如果一个人没有天分，他就不得不假装拥有，这样一来就滋生了欺骗。卢梭感叹道："'是这样'和'似乎是这样'彻底成了两码事。"

卢梭关于"高贵野蛮人堕落"的叙述是他的哲学核心。这就是作者强调自然的诚实以及自然状态下人的诚实的原因——在人类尚未开蒙、社会产生之前的时代是一个野蛮、孤独且真诚的时代。随着思想和亲密关系的产生（社会的产生），现代法国之恶随之而来。法律的出台是为了解决暴力和苦难，但是却强化了跟出身、教育、外貌、才智有关的权利与特权。穷人在生活的温饱线上挣扎，富人则为名声或皇恩而彼此争夺。卢梭说，没有人是幸福的，全都是各自欲望的奴隶：

> 野蛮人只喜爱安宁和自由，他只愿自由自在地过着闲散的生活……相反地，社会中的公民则终日勤劳，而且他们往往为了寻求更加辛劳的工作而不断地流汗、奔波和焦虑。他们一直劳苦到死，甚至有时宁愿冒着死亡的危险来维持自己的生存，或者舍弃生命以求永生。

在卢梭看来，根本问题在于当代人是反自然的，因此，他们也是反自身的。他们放弃了自然状态下的基本自由，投身腐朽的社会，然后又借不公正的现代法律放弃了社会。

卢梭为这一弊病提出了政治和教育上的补救措施，二者皆以他的自然理想为指导。比如，在《社会契约论》中，他规定了公共意志：全体公民的共同意志，他们在此基础上形成最初的社会契约。作为一种公共意志，公民享有主权，并要求地方官制定法律，然后他们自己遵守法律，就这样，公民既是统治者，也是被统治者。他们失去了原始自由，但是获得了政治自由的保障和权力。这种公共意志是人性的产物，是永远正确和正义的，那些违背公共意志的人理应受到惩罚。

《社会契约论》以大胆的共和思想鼓舞了读者，但它同时是模糊的，过于抽象难懂。而且，它有多么宣扬自由，它的极权色彩就有多么浓，比如公民"被迫获得自由"。以赛亚·柏林批判性地总结了卢梭的狂妄："他们不知道他们的真实自我是什么，而我，聪明、理性、伟大又仁慈的立法者，我知道。"卢梭自觉高人一等，太陶醉于自己为天下立法的本性，他不让任何一个公民违反戒律。

《爱弥儿》给出的育儿建议，譬如母乳喂养和体育锻炼，在贵族中十分流行（在今天也常常受到肯定，并且还有更多科学数据的支持）。但是乡野朴素的大环境比卢梭的育儿建议影响更大（按照卢梭的建议，符腾堡王子那蹒跚学步的女儿在雪地里打赤脚，结果长了冻疮）。同样，卢梭很推崇自然，在这个领域内，他作为象征性的领袖或者文豪的身份，比起实际的理论家身份更重要，这通常是因为他的判断很简单，给出的指令又目光短浅。然而，在他自己的生活中，卢梭最终发现植物学是他思想的一个重要出口。

4. 纯粹出于好奇心的研究

在《论人类不平等的起源》中，卢梭在一番猛烈炮轰之后，打趣说他的批评者可能会放弃城市走向荒野，而他自己却陷入了现代异化的困境。他写道，"那些像我一样的人，他们的激情破坏了原始的淳朴，再也无法靠草木活下去了"，只能过一种有德行的生活，遵循两个自然法则：自爱与怜悯。他们或许会试图影响"聪明善良的王子"，而且卢梭的确为科西嘉岛编写了一部宪法，但他最常给出的建议，依然是一种存在的退隐：远离他人，反求诸己。他写道："野蛮人过着他自己的生活，而社会人则终日惶惶，只知道生活在他人的意见之中。"换句话说，卢梭开出的处方往往是静思独处。高尚之人必须远离名声、荣耀和对认可的渴望，而忠于自己的原始本性，因为原始本性体现了简单、天赐的善的原则。他在《论科学与艺术》中质问道："德行啊！你是纯朴灵魂的崇高科学，你的原则难道不是铭刻在每个人的心里吗？"

对卢梭来说，植物学是他用心灵和观察的力量重新发现这些原则的一个小小途径。在给朋友德莱赛尔夫人的一系列书信中，卢梭详细地阐述了这些想法。他称植物学为一种"纯粹出于好奇心的研究"，还强调它毫无用处。他不动声色地对德莱赛尔夫人调侃道，这不是一项特别重要的事业。他写道："除了一个喜欢思考、心性敏感的人通过观察自然和宇宙的神奇所能得到的快乐之外，它没有任何实际的用处。"

　　如果要以这种方式重新发现大自然，一定需要更深入的观察和分析——植物学恰恰可以培养观察力和分析力。植物学家必须进行仔细观察。卢梭认为，重点不是记住植物的拉丁名字，而是要深入细致地观察。他写信给德莱赛尔夫人说："在教他们如何给自己看到的东西命名前，让我们先教他们怎么观察吧。"他说，大多数人从未带着清晰的头脑和鉴别力去观察，主要是因为他们的心思完全在那些普通人关注的琐事上面：地位、金钱、爱情……他在《忏悔录》中说，一般的巴黎人看到一片草地或树林，只会产生一种"愚蠢、单调的赞赏之情"。相反，园艺专业的学生，则必须分辨出每一个解剖细节，必须真正地关注自然。在卢梭的通信录中，他会用整整一封信来描述花儿。比如，他写到普通的雏菊，那小小的黄色花瓣组成了一个圆盘，每一片花瓣的根部都有雌蕊和雄蕊，即花朵的雌性和雄性器官。它的白色"花瓣"也是花朵，每一片都有一个分叉的雄蕊。看起来是一朵普通的花儿，实际却是由上百朵微型的花或者说"小花"构成的。卢梭随后也以同样的方式对蒲公英、菊苣、洋蓟、蓟观察了一番，指出了常被忽略的惊人细节。他的观点与《爱弥儿》中的忠告遥相呼应，即这种带着耐心、富有鉴别力的仔细观察行为本身，就足以给人教益，这样的观察能颠覆我们的认知。我们可能每天都看到同一株植物，却不知它如此精细、复杂。刹那间，我们注意到了更多细节，这种新奇感，本身就让人受益匪浅。卢梭写道："沁人心脾的香味、明艳的色彩和最优雅动人的造型，似乎在争夺我们的注意力。"植物学是一门讲究精确和愉悦的感知课程。因此，它是治愈文明生活中麻木意识的一剂良药。

在研究了雏菊、夏枯草的解剖结构之后，这位植物学家走进了对生理机能的研究：这些器官有什么功能？卢梭用豌豆的例子对德莱赛尔夫人进行讲解：一朵花就像一个礼品包装盒，四片不同的花瓣围拢在一起；这个"礼品盒"里有一圈小小的白色雄蕊，每一根雄蕊顶端都是黄色的。在雄蕊下面，有一个小小的绿色圆柱体，即子房。这些层层叠叠的花盘、雄蕊和荚果有什么用？卢梭答道：是为了保护胚胎。为什么有一根雄蕊跟其他雄蕊分开来了？卢梭答道：因为它枯萎了，这是为了给种子留下成长空间。就这样，卢梭没有问植物能为他做什么，没有问它有什么药性或让他做出了什么重大发现，他问的是：豌豆的花对豌豆有什么用？其更深层的模式和目的是什么？就这样，植物学成为一门哲学技艺：对基本的物理和形而上学原理的沉思，而这些原理是卢梭笔下的"神圣存在"设置在大自然中的。对此，我们很有必要从他的《一个孤独漫步者的遐想》中完整地摘录一段：

我不花钱也不费力，就能优哉游哉地流连于花丛草木间，仔细地观察它们，比较它们的不同特点，记录下它们的相同点和差异性，最后我还观察了这些植物的组织结构，以便于追踪这些活生生的组织是如何秘密运作的，有时候还能成功地找出它们的普遍规律以及它们何以有着不同结构的原因和目的，我全身心地沉浸在愉悦中，对让我享受到这一切的造物之手充满了感激与赞叹。

请留意这个一气呵成的超长句子，以经济学开始，以宇宙学结束。在这里，卢梭赞颂的是一种与大自然的浪漫融合，这种融合克服了他在当代法国和他本人身上看到的疏离感。

在 18 世纪，植物学的发现、栽培和分类学得到了蓬勃发展。随着殖民国家的发展，它们的植物标本馆和温室也在不断增加。采集、分类、开发，这些都是典型的殖民者追求。但卢梭认为，这种对实用性的追逐是一种堕落，这并不奇怪。过分强调实用性，把植物学变成满足人类需要的工具，这是对植物学的破坏。比如医学，它就对夏枯草的美视而不见。夏枯草又名"自愈草"，顾名思义，它只是被当成一种药物来研究。卢梭把对植物的洞察当成一种纯粹好奇心的嘉奖，他试图不那么"文明化"。跟其他人不同，他带着一种天真无我的逻辑来看待这朵花。他写道，他融化在"生灵万物的伟大循环"中——

与自然融为一体，他感到"欣喜若狂与难以言喻的心醉神迷"（那难以言喻之物，从来没有让卢梭的满腔热情消停过）。

对卢梭而言，重新发现这些原则，也是重新发现自我。他认为自己也被法国社会腐蚀了，他在《一个孤独漫步者的遐想》中写道："如果我能像大自然向我昭示的那样，保持自由、不为人所知、远离人群，我所做的就只有好事。"当然，这是高贵野蛮人发出的天真、本能的生存的遥远呼唤。不过，卢梭自己也认为，我们不可能回到过去。植物学是一种简单、廉价且平静的冥想，这位哲学家在攀登圣皮埃尔的山岩时，在这样的冥思中瞥见了更好的自己。

5. 自愈草

卢梭在自我剖析上的天分，再次体现在了植物学中。尽管卢梭一直关注教育和道德改革，但他更喜欢袒露自我而非克制自我。这就是《忏悔录》至今依然吸引读者的原因：它生动地呈现了一个人赤裸裸的心灵，包括他全部的怪癖和幻想。传记作家莫里斯·克兰斯顿写道："他的自我袒露，甚至不惜袒露他矛盾的思想、自欺和疑虑就是他自我袒露的理由。"这是卢梭身上最重要的特质。

与《忏悔录》不同，卢梭的《遐想》和他书信中关于植物学的内容，呈现了作者最温和、谦逊和理智的一面：他没有控诉一番好意的朋友背叛了自己，没有用有钱恩主给他买的纸笔来抨击人家，也没有一面把孩子送进不知名的孤儿院受苦，一面又称赞为人父母之道。在这里，他只是默默地观察和琢磨着植物。植物学对卢梭而言是一种短暂的救赎，因为这能让他发挥自己分析、描述和推测的天分，不需要为自己的理论辩护或美化自己的形象。这不是因为卢梭发现了自己内心的"高贵野蛮人"，而是因为植物学把他从人群中拉回来，赐予他美丽、精细和生动的东西进行思考。植物学并不是上帝赐予的完美自然的启示，而是对自然的反思，这给哲学提供了一种不那么尴尬和危险的氛围。这是一种并不孤独的独处，是无人陪伴的智力游戏，也正是给赫伊津哈所谓"没有朋友、连友好的敌人都没有的人"的一剂良药。在这一点上，卢梭投射给大自然的这些特质：天真的善意、天生的孤独以及内心和谐，实际上也是他所珍视的自己的性格特征，但只有无人目睹时，这些特征才最明显。他如此受自愈草吸引绝非偶然，因为这正是植物学对于卢梭的意义所在：一种应对社会及自身人格带来的压力的自我疗愈。

第八章

乔治·奥威尔：手持镰刀，颠沛流离

工作之余，我最喜欢的事就是打理花园，尤其是菜园。

——乔治·奥威尔自传笔记，1940 年 4 月 17 日乔治·奥威尔长着一副典型知识分子的模样：弓腰驼背、又高又瘦，穿着一身皱巴巴、不合身的衣服。他的面孔看上去也是皱巴巴的——因为疾病与过度劳累，脸上布满皱纹（一名医生说奥威尔小时候"喘起来就像在拉手风琴"）。虽然奥威尔是现代小说家和散文家中的标志性人物，可他这一生患过的五花八门的疾病却颇有狄更斯小说的风格：慢性支气管炎、三次急性肺炎发作、缅甸的登革热、肺结核导致的肺出血。

　　1946年春，奥威尔被诊断出患肺结核已有八年。他没有在医院休养，也没有在疗养院"治疗"，而是租下了苏格兰布里底群岛朱拉岛上的一栋房子——巴恩希尔别墅。他的朋友理查德·里斯说，巴恩希尔别墅是"不列颠群岛上最不舒服的房子"。朱拉岛也同样让人难受，这里寒冷、潮湿、偏僻、原始。生病的奥威尔最不该待在这种地方，考虑到他被感染的双肺，这样做简直就是找死。

奥威尔一到那里，就以同样的方式继续写作，他的传记作者杰弗里·迈耶斯称之为"他的自毁冲动"。奥威尔并没有倒在床上，而是拿起了镰刀、镐头。他挖起朱拉岛上长着蓟的干透土块，打造了一座崭新的花园。

这对奥威尔来说也算有些疯狂了。房子租到手的第一天，他的日记里写的全是朱拉岛上的风景：灌木果实、映山红、苹果、北美杜鹃、倒挂金钟、风铃草和野生鸢尾。第二天，这位病号作家就开始挖土（"在草皮上挖"）并规划布局（"要种上做沙拉的蔬菜……灌木丛、大黄和果树"）。直到他身体恢复得差不多能离开巴恩希尔之前，他在朱拉岛的日子都是这样度过的：挖土、施肥、育苗、采摘。他喘着气、忍着疼种下了莴苣和萝卜。他草草搭了一个用于锯木头的搁架和一个石头砌的焚化炉。他把泥炭烘干作为燃料，还杀了一条蛇。当他病得不能出门时，花园依然萦绕在他的脑海里："雪滴花开得到处都是，郁金香开了几朵，一些桂竹香要奋力绽放了。"1949年12月，当他趴在床上写下这些话时，他的肺正在出血。这是他居家日记中最后的内容。他已经完成了《1984》的定稿，差一点儿把自己累死。那天，他离开朱拉岛去往英国，此后再也没有见到他的岛上花园。一年多后，乔治·奥威尔在伦敦的一张病床上去世，享年四十六岁。

1. 可谓一个圣徒

奥威尔天资聪颖，受过良好的教育，又有雄心壮志，但在关键时刻，他把这些全投入他的传记作者说的"自我毁灭或没有出路的追求"中去了。他没有在牛津大学读书，而是溜到了缅甸，当上了英属印度的警察。他没有一个安全稳妥的职业，而是过着四处流浪和洗盘子的生活。他从未当过兵，却离开他的新婚妻子艾琳去参加西班牙内战。1937年，他被一名法西斯狙击手射中喉咙后，回到赫特福德郡的沃灵顿疗养，他没有一直卧床休息，而是间或写作和打理花园（"我们要再弄些母鸡来"）。不到一年，他就因失血过多住进医院。后来在朱拉岛上，人到中年的他也没有让他那孱弱、破碎的身体得到休息，而是在干涸的土地上开荒，挖了二十厘米深。

迈耶斯说，这是奥威尔的一种"破坏自己幸福生活的心理需求"。奥威尔长期被愧疚感折磨，无法体验到正常的中产阶级的满足感。他为自己享有的特权、他的国家的不公正和帝国主义感到愧疚，也为自己没有参加第一次世界大战而愧疚。当然，他管不了父亲在印度当公务员，也管不了曾祖父靠着牙买加的奴隶种植园谋取巨额财富。他又不能决定自己什么时候出生，他生得太迟了，都没法参加战争。或许他的良知在圣塞浦路斯预备学校被异常地放大了，在那里，赢得奖学金的他被一群有钱的势利小人嘲弄，他在《所谓快乐，不过如此这般》一书中称他们为"某些不变法则的军队"。如果他们过得颓废，奥威尔就过得简朴；如果他们英俊，他就丑陋；如果他们麻木不仁、粗鲁野蛮，他就尽心尽力、一丝不苟。简言之，他跟他们健康、美丽、富有的世界和伊顿公学的世界（他在伊顿是靠奖学金生活的）是如此不同。这就是奥威尔，把自己最糟糕的性格特征放在小说《让叶兰在风中飞舞》中的落魄诗人戈登·康斯托克身上，并加以嘲弄。康斯托克本有潜力，但是扭曲的自豪感让他一直生活在贫穷中，他靠救济生活，对任何追求幸福的人都深恶痛绝。奥威尔在《通往维根码头之路》中写道："在我看来，失败似乎是唯一的美德。"他不仅在贫穷中看到了美德，也在肮脏、平庸和令人精疲力竭的劳作中看到了美德，正如他在其酒店同事身上看到的那样，他把这些都写进了《巴黎伦敦落魄记》中。他描写自己做厨房杂工时的生活："五点三刻突然惊醒，摸索着套上油腻腻的衣服，蓬头垢面，浑身肌肉都不舒服，就匆匆出去了。"到了半夜，奥威尔带着卧榻上的虱子又躺回床上。这可不是伊顿公学学生该有的生活方式。

就此而言，奥威尔在朱拉岛上披荆斩棘地开荒，几乎毁掉了自己的身体，因为他相信痛苦与脆弱胜过无所事事的舒适和它所代表的一切。对奥威尔而言，美好生活与艰苦、乏味的工作难以区分，他小说中的"叶兰"就是这一点的象征。叶兰是下层中产阶级工人家里的盆栽，耐寒，只需很少的光和水就能活着。而对于主人公康斯托克来说，它象征着懒惰、顺从和保守——这一切都是奥威尔竭力避免的，为此他差点害死自己。奥威尔是无神论者，但他的苦行里却带有一种宗教狂热。作家普里切特如此称赞奥威尔："他可谓一个圣徒。"

奥威尔像出家人那样蔑视金钱，并把园艺看成对奢侈品位的预警。比如，在英国时，他把春天看成一场免费的大众娱乐活动。他在《观蟾随想》一书中写道："人人都可以享受春天带来的喜悦，而且是免费的。"鸟儿也不用付钱。他还在另一篇文章中指出，几十年前他种在老房子里的玫瑰正在盛开，他津津乐道，当初买来才花了六便士。这是奥威尔的一贯作风，发现美好事物并不昂贵，这简直就是冲着有钱人来一句"去你的！"。西里尔·康诺利有一次打趣道："奥威尔要是不对手帕行业的条件点评一番，他就没法擤鼻涕。"奥威尔眼中的美学问题，很快就转向了伦理学、政治学和经济学。所以，园艺是一个有教养的穷人的完美爱好。

2. 猪肚蘸醋

不过，奥威尔的朱拉花园可不仅仅是一座僧侣寺庙，更是诚实的试金石。他在《我为什么要写作》中称之为"他面对种种不快的能力"。无论是什么迫使奥威尔踏上这条离经叛道之路，都增强了他与现实生活的亲密度。他是一位天才作家，但让他的小说和报刊文章超越普通报告文学的，却是他的亲身经历。他深知那些流浪汉遭受的病痛、饥饿和劳累，他知道他们拖着疲惫的步子从济贫院通往旅社的路上所承受的屈辱和厌倦。这位伊顿公学的毕业生住过巴黎的贫民窟，在曼彻斯特的维根吃过恶心的猪肚蘸醋。从他 1936 年 2 月 21 日的日记来看，当时他与英格兰北部的一个工人家庭住在一起：

> 这座房子太邋遢了，我开始烦躁起来。这儿没什么是干净的，要到下午五点房间才会打扫完，餐桌上的桌布从没换过。晚饭时你还能看到早餐的面包屑。最令人作呕的是 F 夫人总是睡在厨房的沙发上。她有个可怕的习惯：把报纸撕成一条条的来擦嘴，擦完又扔到地板上。今天早晨吃饭的时候，桌子下还有没倒的尿盆。

尽管奥威尔的衣服皱巴巴的，他却是一个十分爱干净的人，而且对气味异常敏感，但他要忍受又脏又臭的死苍蝇。他忍饥挨饿，浑身汗透，被跳蚤叮咬。虽然他被内疚驱使，但对真相的渴求也鼓舞着他。他认为他的职责是见证真相。他说："我写作，是因为我有谎言要揭露，我有事实需要公众的关注。"他的写作超越了一般的报告文学，因为他愿意亲身经历他所报道的事情，而且他这样做，并没有学术上的蒙昧主义[1]，也没有狭隘地效忠某个政党。因此，虽然他批判西方资本主义，但他也反对苏联，抵制他的英国左翼同胞。奥威尔痛斥英国社会主义者盲目接受苏联政策，部分是出于捍卫自由的原则，同时也因为他目睹了托洛茨基分子被袭击和无政府主义者的种种暴行。他在《鲸鱼腹中》一书中写道："我见过许多遇难者的尸体，我不是在说那些战死的，而是在说被杀害的。"他没有去信仰共产主义，而是冷静地见证和记录一切。对奥威尔而言，事实本身才更重要，他能做的就是努力发现事实真相。

这不是说奥威尔没有偏见，他当然也有自己的偏见：对苏格兰人（"豪饮威士忌的浑蛋"）、同性恋者（"我跟你们这些时髦的娘娘腔可不是一路人"）和天主教（"我对罗马天主教的痴迷"）的偏见。他在他的散文里也许会显得小气、短视和毒舌。比如，在《巴黎伦敦落魄记》中，他对精明贪心的犹太人进行了一番漫画式的讽刺。他这样写一家旧衣店的店员："打扁这个犹太人的鼻子倒是挺解恨。"偏执者很少能从他们的偏执中获得成长，而奥威尔值得称赞的一点是，他的亲身经历改变了他的看法。十多年后，希特勒上台，数百万欧洲犹太人惨

---

[1] 蒙昧主义：一种腐朽倒退的思想，它贬低和抹杀人类的理性思维能力，否定科学知识或宣传怀疑论。

遭屠杀或惨死在集中营里，奥威尔对反犹主义提出了热烈的、义正词严的批判。在那些年里，他认识了更多的犹太人，修正了自己之前的错误。

就这样，奥威尔是第一个认识到自身的逻辑和事实错误的人，包括他自己的盲点。作为记者、批评家和小说家，他的观点通常都以证据为准，而且能不断地回到细节上去，这是极其艰难的，因为他处在一个动荡的时代。奥威尔充满斗志地为自己的世界观而战，在报纸上，在西班牙，他并没有将其变成民族主义者同僚的教条。在这一点上，与其说他像先知，倒不如说他更像个科学家，他像科学家一样尊重事实，带着怀疑精神面对事实。可以说，奥威尔带着一种实验精神活着。

这种科学的思维模式，让他始终坚持语言的清晰透明。奥威尔目睹了发生在西班牙的暴行以及巴黎、英格兰北部的肮脏环境，他无暇用漂亮的辞藻或任何高论来掩盖事实。因此，他在作品中为直白的语言辩护，像著名的《政治与英语》和《1984》附录中对"新话"的阐述。奥威尔认为，糟糕的语言与糟糕的思维关系密切。思维混乱会导致措辞混乱，这些词语也许看起来挺美，却不会启迪作者或读者，只会更让人一头雾水。他在他典型的简洁散文中写道："因为我们的思想愚蠢，所以我们的语言变得越来越丑陋且不准确；而语言的败坏，使我们更容易产生愚蠢的思想。"对奥威尔来说，清晰写作和思考的能力是一种道德责任。没有这种清晰度，词语虽然也许可以很漂亮地连缀在一起，却是一种虚伪。

在《1984》附录中，奥威尔通过消除语言的丰富性，进一步描述了为了政治利益而故意歪曲思想的做法。他用一种骇人听闻的语气冷酷地说道："新话的目的不仅是要为这种世界观提供一种表达媒介，也是要使所有其他思维方式都不复存在。"奥威尔对20世纪的寡头和独裁者有着清晰的洞察，他在《鲸鱼腹中》中写道："他们并不宣扬他们的冷酷无情……他们也不说这是杀人，而是用'肃清''淘汰'或其他委婉的词语。"不光纳粹会使用这种伎俩，他们的英国支持者也用毫无新意的术语歪曲真相。在《政治与英语》中，他提到了一位大学教授为极权主义辩护。奥威尔写道："大量的拉丁语词像柔软的雪花一样覆盖在事实之上，模糊了轮廓，掩盖了所有的细节。清晰语言的最大敌人是不真诚。"奥威尔在世的时候，还没有听说过名为"强化审讯技术"的酷刑，他若还在，马上就会知道这些是骗人的鬼话。

3. 作家、园艺师与科学家

沃灵顿和朱拉岛上的花园充分体现了奥威尔的科学态度，也是对他不懈追求真理的奖赏。因为园艺首先是现实主义者的事业，需要一种务实的坦诚态度。譬如，应对严霜稍有不慎，庄稼就会死，这个错误是极权者所无法掩盖的。同样，土壤、光照、湿度和酸碱度方面的问题，也会带来实实在在的后果。劳动同样不免会唤起各种感觉：冰冻的泥土、尖锐的荆棘、蜱虫的叮咬。当奥威尔想要培育朱拉岛上的"原始丛林"时，他说，他必须得忍受寒冷、刺伤和叮咬。他不想逃避现实，不管多么痛苦，他都会安住于现实。

这听上去很枯燥，但也会带来真正的喜悦。让我们看看廉价的伍尔沃思玫瑰让奥威尔多么欣喜吧："有一种标签为黄色的多花蔷薇，开出来居然是深红色的，还有一种，买的是艾伯丁或类似的品种，但花开得更多，多得吓人。"他的日记满篇都是这些发现。出于好奇，奥威尔曾把青蛙卵放进一个罐子里（但它们死了，也许是缺淡水）。他还用骨头做了一把芥末勺，用鹿角做了一把盐勺（"骨勺更好用"）。他还比较了短柄镰刀和长柄镰刀割灯心草的效果，并测试了正确的切割角度。对奥威尔来说，园艺不是自虐，而是像他的其他冒险一样，是一种试验、一个更接近事实的机会。

作为一种实验，奥威尔的园艺是一种可谓认识论的练习。也就是说，它涉及我们的认识从何而来，这对奥威尔来说是最重要的问题。朱拉的草莓或沃灵顿的莴苣不一定包含一个特别的预先确定的真理（对人或宇宙的确定看法）。相反，花园是一个实验室，在这里，奥威尔与真实的关系得到了检测。花园里产生了有关艾伯丁玫瑰或香石竹的知识（有时候"它们猛长一截"……但你不能揠苗助长），也产生了关于知识的知识——一种对理性和证据的认识，即认识到二者的长处和短处。奥威尔称之为"科学方法"，但他并不向往由物理学家和化学家组成的乌托邦式的技术政治。恰恰相反，他在《论坛报》上说，他想培养一种"理性的、怀疑的和实验性的思维习惯"，对此，沾满泥土的长筒胶靴和打字机一样重要。奥威尔真可谓一个受虐狂——拿着钢锯扮科学家，而不是躺在床上静养。然而，毫无疑问，他也对寻求真理充满热情，他称之为"从观察到的事实出发进行逻辑推理，进而获得可证实结果的思维方法"。面对共产主义者和资本家、反犹主义者和犹太复国主义者、民族主义者和帝国主义者等各路主义者之间破坏性的政治、军事冲突，奥威尔认为，唯一的希望在于充分的理性——对事实采取更谨慎和批判的态度。至少在一定程度上，他在自制的大锤和一把锋利的镰刀中发现了这个方法。

尽管奥威尔有着伊顿公学学生的沉着冷静，他也是一个忧心忡忡又充满热情的人，他用令人惊叹的身心劳作来战胜脆弱。他有骨气，而且他那独特的方法到今天依然管用：带着怀疑精神并深入了解那些显而易见的现实。当代生活的许多领域，都被一种理所当然的确定性笼罩——在关键的表现指标、经济周期、政治投票、智商测试方面，人们都自以为拥有了无可挑剔的知识。有一种错误非常普遍，即哲学家阿尔弗雷德·诺斯·怀特海所说的"误置具体性谬误"——装扮成确凿事实的抽象概念。在公共和私人生活领域，无论是政治口号、心理评估，还是宗教文本，人们一直都在追逐完美的表象。它让我们得到慰藉，使生活看上去没有那么多不确定与不安。在那些被怀疑感淹没的人眼里，花园正是纠正错觉的一剂良药，花园提醒人们现实多么微妙、多变和复杂。奥威尔发现，"种子加土壤加雨水加阳光"在实地计算时就是一个复杂异常的等式。在花园里，假设只能小心翼翼地撑到第二天，因为一些意外的变量会让莴苣枯萎，让醋栗萎缩。奥威尔的花园教导我们，不要固守那些熟悉而错误的成见，要提防任何过于完美的理论。难怪《1984》的作者如此珍视他在朱拉岛上的辛劳成果，因为它让人从极权主义思想中获得了片刻的解放。

第九章

艾米莉·狄金森：可能的疆域

小时候，我从来不播种，除非是多年生植物，我的花园因此四季常青。

——艾米莉·狄金森致信约瑟夫·奇克林，

1885 年 7 月

　　我的花束要献给囚徒——

　　只见黯淡——长久期盼的目光，

　　没有采撷许可的手指，

　　一片耐心等着进天堂。[1]

——艾米莉·狄金森

---

[1] 狄金森诗歌译文采用蒲隆译《狄金森全集》（上海译文出版社，2014年），略有改动。

在新英格兰阿默斯特，以金嗓子闻名的格林姐妹和她们的哥哥走进了狄金森的府邸。这座令人望而生畏的房子占地约一万平方米，俯瞰主街，对面是爱德华·狄金森家的另外四万五千平方米土地。作为一名与当地市政和商界权威关系密切的有钱律师，狄金森是当地的名流，但在1877年的那个春夜，他已不在人世。格林兄妹孤零零地站在客厅里。

格林一家被邀请进行了一场私人表演，但是看不到观众。不管怎样，他们还是庄严肃穆地演唱了《旧约·诗篇》第二十三篇（"他使我躺卧在青草地上……"）。房间里很安静，接着是微弱的掌声。几年后，克拉拉·格林写道："从楼梯上传来轻轻的拍手声。"这几位歌手一定给人留下了深刻的印象，因为他们受到了爱德华的大女儿艾米莉·狄金森难得的欢迎。她已经离开楼上的卧室，依旧穿着一袭白衣，去书房里与他们交谈。狄金森很激动地说着，一面赞扬他们的表演，一面又回忆起小时候，她记得她们的嗓音还有她们哥哥的口哨声。克拉拉留意到"一双又黑又大的眼睛嵌在一张小巧、苍白、精致的脸上，还有一副小巧的身躯，朴素、单纯得像一个孩子"。格林小姐此后再没见过这位诗人。

克拉拉·格林活到了中年，狄金森又多活了十年。但艾米莉很少见客，事实上，她几乎谁都不见。她成年后有一半的时间都是住在家宅里。她在三十多岁时写道："我不跨过父亲的土地，去任何一座房子或城镇。"更具体一点说，狄金森的大部分闲暇时间都是在窗边的一张小桌子上度过的，她在那儿可以俯瞰整个主街。她一直写作，写了数以千计的书信、便条和诗歌。大多数作家都渴望独处以便写作，但艾米莉·狄金森是一位宅家女王。她抛弃了婚姻、孩子，甚至寻常的家庭天伦之乐，全身心地投入孤独的写作和思考中。众所周知，她没有参加自己父亲的葬礼和追悼会。当送葬的队伍坐在楼下时，艾米莉坐在自己房里，虚掩着门。

当然狄金森不可能每一天都在这种"居家放逐"中度过。她会下楼干家务活儿，比如，打扫卫生、做水果罐头，还有做饭。众所周知她的厨艺颇佳，爱德华·狄金森对她做的面包情有独钟，他每年的纪念晚宴上都有她著名的"黑面包"。左邻右舍的孩子会得到新鲜出炉的姜面包，放在篮子里从她卧室窗口吊下来。偶尔艾米莉也会被朋友们哄下楼来。有一次，与她通信的朋友塞缪尔·鲍尔斯从大老远费劲地赶来，大声冲她喊道:"艾米莉,你这个该死的坏蛋!快点下来!"这让她感到很难为情,只好下楼来见他。虽然艾米莉跟朋友在一起的时候也可以活泼可爱,但离开她的"避难所"对她来说是一种折磨。用她的话说,比起跟人亲密接触,她更情愿待在她的"监狱"里。

> 有空间的孤寂
>
> 海洋的孤寂
>
> 死亡的孤寂,但这些
>
> 应当算是交际
>
> 若与那更深沉的场所
>
> 即灵魂允许自己进入的
>
> 那种极地的幽僻相比——

1. 花束

只有一样东西一直吸引着这位楼上的隐士:家宅花园。据说她这样说过:"我是在花园里长大的。"花园是一家人打发时光的地方,尤其是在她母亲家这边。她的母亲也叫艾米莉,非常喜爱格伦维尔玫瑰,她把这些玫瑰从家宅移植到了普莱森特北街的家里,这可是一项大工程,足见她对园艺的热爱。还是小女孩时,狄金森在树林里快乐地寻找花朵("四处漫游寻觅深红的花朵"），她的植物标本簿中收集了四五百种植物，她把它们压扁、烘干，还贴上了标签。在中学的植物课上，她还是一个乖学生，尽管后来她十分怀疑科学对真理的垄断（"花是……一种生物，它的叶子上记载着历史，它的一举一动里传达着激情"）。这位诗人二十多岁的时候得到了一间温室，紧挨着父亲爱德华的书房。她很早就接触到了园艺，并从此开启了热爱花园的一生。

如果说狄金森性格里带有贵族的偏见，那么她在园艺上则是个民主人士，并且不怕弄脏手。她的侄女玛莎·狄金森·比安奇一直记得被艾米莉姑姑打理得井井有条的花园，花园里有开花的灌木、多年生植物和球茎植物，完全不像小姑拉维尼亚的花园那样"一团糟"。尤其是花朵，对诗人来说不可亵渎。她的温室里植物种类繁多，从普通品种到外国品种，从亚洲的亚热带茶花到普通的康乃馨，不一而足。朱迪思·法尔对诗人的花园进行了详尽的研究，她写道："要像狄金森一样成功地种植茶花、栀子花和茉莉花，需要一套复杂、灵敏的操作——喷雾、施肥、覆膜、排水、上盆，还要防虫。"来访的客人有时会看见她跪在一张地垫上侍弄她的盆栽，他们一敲门，她就赶紧跑进屋里不见了（"嘿！她走了。"直到差不多六十年后，一个名叫奥斯汀·坎普的人还记得这个情景）。

今天，我们很难相信，狄金森在世时，她的花竟比她的诗歌名气更大。1886 年她去世后，前来吊唁的人想起的都是她的花。狄金森给年老体弱的人、伤心的小孩以及幸福的新妈妈献上了成千上万的小花束，并附上她的诗歌。这些花朵和诗歌给了人们安慰、欢乐和祝贺。她的嫂子苏·狄金森写道："她给许多户人家送去了这些宝贵的水果和鲜花，人们将永远记得她的慷慨和体贴。"有了这些花儿，她就不再腼腆，有了诗歌，她就变得直率。她给朋友塞缪尔·鲍尔斯的信尤其大胆。下面这张顽皮撩人的便条，就别在一个铅笔头上寄给了鲍尔斯。

要是它没有铅笔

它肯不肯试用我的 ——

尽管 —— 又秃 —— 又暗 —— 亲爱的，

给你写很多很多。

如果它没有的话

它会不会让那雏菊，

几乎像我一般大，

在它把我采摘的时刻？

考虑到狄金森所处的时代和阶层，她对花园的兴趣绝非巧合。园艺是维多利亚时代一种体面且流行的娱乐方式，并由此产生了一种通用语言 ——传情达意的花语。关于植物花语的书常有出版，读者一般都是像狄金森家这样受过教育的美国人。就这样，诗人对花与诗的热爱合二为一，维持了一种广泛而深入的社交生活。如果她不愿离开狄金森家的农场，她就会将农场的农产品，合着她自己的心意，打包寄往整个新英格兰。

2. 脑海中的花朵

艾米莉·狄金森也有自己的私人象征语言，并且常常用花园来表达自我。譬如，果园就是一座礼拜堂，蟋蟀则举行"德鲁伊式"[1]的弥撒，而黄花菜的花语是不朽。她写道："记忆是不许凋谢的雪莉花。"她还把自己比作紫罗兰、玫瑰和"被采摘"的雏菊。她美妙地把自己的诗歌描述成"头脑里的花"，或者球茎（花语是"凝练的技艺"）。就这样，花园成了她的第二语言。

狄金森把家宅也诗意化了，它的美丽、韵味和一幕幕戏剧化的场景，都发生在父亲的领地上。对这位诗人而言，这里就是一个亲密无间的小宇宙，在这里，她洞悉各种秘密和亲昵举动。譬如，郁金香看到她的脚就披上了它的"胭脂红衣衫"。她看到知更鸟匆匆回巢睡觉，她不会惊扰它们的秘密（"你走

---

[1]　德鲁伊，古凯尔特信仰中的祭司或占卜者。

你的路，我走我的"）。她听到树叶间的窸窣声，那是机敏的鸟儿。对这位宅在家里的女诗人来说，家宅不仅仅是提供文学技巧的宝库，还像她的私人团契[1]一样，这里的动植物就是她用作表达的语言。

这不是说狄金森就是一个传统的基督徒。狄金森写道："有些人过安息日去教堂／我却留在家里过。"她并不相信传统的天堂地狱的观念，也不被幽冥和酷刑吓倒。狄金森畏惧"永生"，仿佛那是一个无底洞，灵魂在其中受尽折磨。在另一首关于"空虚"的动人诗歌中，狄金森写到了"停顿的邻里"，在那里，"时代没有留下根基"。相反，狄金森笔下的来生更接近浪漫主义的传统，一种属于爱默生与勃朗特的传统。她痴迷于她所谓的"不朽"，这个想法，在一定程度上是受到了她的导师——一神论[2]者律师本杰明·牛顿的影响。她写道，他教她"信仰不可见的事物，还有生活，那更高贵的、更有福的生活"。

狄金森不是什么神学家，她从未提出过一套关于不朽的系统理论。但她的个人信仰表明，花园是一个重要的概念。她经

---

[1] 团契，基督新教信众的特定聚会，用于分享生活感受，增进信仰和感情。
[2] 一神论，主张以理性的态度审视加尔文神学，否定传统的三位一体论，只有一位上帝，耶稣不具有完全的神性。

常把天堂描述成伊甸园，她在那里获得了文学上的不朽。她对朋友亨利·沃恩·埃蒙斯提起自己的诗歌，把它比作"我们未曾见过的花园中那永不凋谢的花朵"。她向哥哥奥斯汀说起她的花园，"花开不断，风霜不曾来袭"。换言之，不朽并不是一个神的王国，而是一种不灭的意识，在死后依然留存于"花朵"——诗歌中。她认为，追求艺术上的不朽，就像北国之花在抵挡冬日的阴霾雨雪一样。她问："造物主，我可否繁花烂漫？"

狄金森关于冬天的隐喻表明她对四季都有着敬畏之心，而且，她在诗歌里表达了对每一个季节的热爱。不过，她最喜爱的还是春天，因为春天激发了她对持久创作的信念。她写道："但是在三四月间／谁不会出来／谁不与上帝／热情会面？"春天的球茎植物尤其让她着迷。她写道，自己为之"发狂"，因为球茎植物有着最迷人的花形。狄金森认为，球茎植物的季节性生长规律是一个谜，但同样也传达了一种宇宙与生存的信息，肯定了她对来生的信仰。举例来说，水仙花每年冬天都会枯萎，到春天又会再度萌芽。这对狄金森来说意义非凡，对她来说，花儿跟孩子一样宝贵。她因花儿们死于霜冻和虫害而痛心，还从植物的身上看到了一种军人般的勇气和求生技能。她写道："当一朵花，是深沉的／职责。"在狄金森眼中，春天是这些士兵在销声匿迹之后开始勇猛新生的季节。每一株存活下来的球茎植物，都能给人上一堂关于重生的课。

对一位离群索居、常常孤独、偶尔生病的诗人来说，这真是一个可喜的消息，因为她在童年时代就目睹了太多的死亡和疾病。出于家庭礼仪、保守的道德观和她自己逆反性格的缘故，她并未获得文学界的认可，但她在诗歌中觅到了不朽，并在四月的球茎植物身上找到了希望。她曾经写道："'希望'是长羽毛的小鸟 / 它栖身在灵魂里。"

3. 我一无所知

尽管诗人有着强烈的热情，但她对不朽的信仰绝不会演变成僵化的教条主义。狄金森在阿默斯特当地就是非常引人注目的，最终在家也与他人格格不入，因为她拒绝公开表明自己的信仰。在霍克约利女子学校的时候，她被热心的师生包围，督促她加入教会。这是新英格兰清教复兴运动的一部分，旨在从更现代的唯一神教中拯救更多的灵魂。多年来，她的妹妹拉维尼亚和朋友们"得救"了，她的早期盟友——父亲爱德华和哥哥奥斯汀——也都"得救"了，但狄金森却不会，她还嘲笑这是"一窝蜂涌向安全的方舟"。尽管她渴望永生，但她的怀疑却占了上风。永生是一种迷人的可能性，但也只是一种可能性。她写道："假定的大厦 / 幽光闪闪的边界 / 如裙摆般围绕着可能的土地 ——/ 对我来说 —— 显露着不安。"这不是狄金森自负的诗意表达，这是她活着时的坚定信念，也是应对死亡的方式。她的朋友佩雷斯·考的妹妹去世了，这位悲伤的哥哥用来世之说来安慰自己，狄金森就毫不留情地对这位牧师直言道："您对死亡抱有这么多期待，我很难过。死亡是一个狂野的夜晚，也是一条崭新的路。"她一次次地重申关于"无知"的消息：也许真有来世，也许我们会喜欢那里，但是没有谁能保证这是真的。她写道："这种证据的胆小的生命 / 不断辩解：'我一无所知。'"

这种怀疑从某种程度上来说是贯穿在狄金森诗歌中的撩人手段。就像狄金森对孤独的称颂一样，她把匮乏变成了一种纯净的快乐。她写道："一旦得到 / 香味便散尽 —— 其实距离 ——/ 就是味道"。

不过，狄金森独特的怀疑，也是在拒绝过度沉迷于抽象概念。现实的世界对她有着难以抵挡的吸引力。正如朱迪思·法尔所说，这是因为狄金森"敏锐的感受力让她从强烈的感受中获得了美妙体验"。比如，在一首诗歌中，她想象自己已死，遗憾地回头寻找红彤彤的苹果、抽穗的玉米，还有手推车上的南瓜。精神和艺术的不朽尽管有种种引人入胜之处，也缺乏这种近在眼前的烟火气。那种不朽给她提供了一个理想的自我形象，提供了她所爱之物（诗歌、美德、精神的纯净）的美好景象，但比起父亲农场上充满生活气息的景致来，这一切都显得更贫瘠、更虚幻。她在另一处写道："我想多看看这个奇妙的世界。"就这样，她亲近水仙花，也同样喜爱食米鸟，这增强了她的精神信仰，也让她不至于过度狂热。

这在狄金森与新英格兰主流宗教的紧张关系上奏出了一个颇具讽刺意味的变调。从历史上来看，清教主义的一个标志就是最基本的怀疑——没有人知道他们会不会得到救赎，哪怕是最善良的人。尽管狄金森离群索居，她也一直生活在怀疑当中。在这一点上，她倒是比那些一本正经的霍克约利女生更像新教徒，她们还整天缠着她，催她皈依。她根本就不吃恐怖地狱和诅咒那一套，相反，她更相信深深的不确定性——这是她父亲的土地的赠礼，甚至书房的赠礼。这也许就是诗人在给朋友的信中说"自然……也许是个清教徒"的原因。在别处，狄金森提到了她的"清教徒"花园。

在这里，诗人的花园堪称一堂心灵的超验课：一方面，想象她的意识因语言而存活；另一方面，又从不彻底放下她的怀疑。这就有了精神的向往与物质的现实之间的冲突，在狄金森身上，这往往表现为一种痛苦与狂喜之间的张力。不是每个人都会有形而上的遐思，而用诗歌记录下来的人就更少了。但征服理想的努力从未停止，而且同样关乎私人生活与公共生活：婚姻、做父母、经济学和政治。我们都需要完美的理想，却很容易被它们蛊惑。这位诗人有一次把她文学上的不朽比喻成巨大的"奖品",而这种规模，是用有限和片面的"残破的数学"来估算的。这是一个巧妙的比喻，既显示了概念之美，也显示了概念的薄弱。对于狄金森来说，家宅土地上的一切都在提醒人们：对人类想象力的数学运算，总是有些瑕疵的。

第十章

卡赞察斯基：枯山水与生命

我们的责任是什么呢？为一朵小花的开放而奋斗……

——尼科斯·卡赞察斯基《上帝的救主》

这个精瘦的中年男子站在那儿，眯着眼睛看着那些石头。尼科斯·卡赞察斯基穿着得体的灰色休闲裤、汗迹斑斑的衬衫和夹克，看着就像一个正在日本度假的会计。但这位才华横溢的希腊诗人、小说家、剧作家、《希腊人左巴》（后来由安东尼·奎恩饰演同名主人公）的作者，其实正在进行一次实地考察。他已像这样游历多年——巴黎、柏林、意大利、西班牙和俄罗斯——与他的史诗《奥德赛：现代续集》中的主人公一样。奥德修斯呼喊道："纵使生命如空幻泡影，我也要用泥土和空气将它填满，用美德、欢乐和痛苦将它填满！"此时，1935年的春日，卡赞察斯基正在用生活充实自己：咔嗒作响的木屐、16世纪的屏风以及亮着石灯笼的街巷。他给远在希腊的妻子埃琳娜写信说："倘若我能把整个日本提起来，那该有多好呀，我会把它给你带回去，像和服一样裹在你的肩上。"

但卡赞察斯基并未起程回家，他一动不动地伫立在京都龙安寺，凝视着一处枯山水，或者叫石头庭院。这是一个简朴的、有三面围墙的长方形庭院，宽二十五米，进深十米，有十五块形状不一的石头，几个一组，不均匀地堆放在苔藓"岛屿"上。石头周围则是一片沙砾的"海洋"，每天都有人把这些沙砾耙出涟漪的形状。锥形墙体跟庭院空间的留白一样，营造出一种更加开阔的空间感，让这个小小的长方形空间看起来似乎很大。虽然它采用了"借景"的技巧，借来了墙后的风景，但这座庭院中唯一可见的生命只有苔藓罢了，其他的一切都是没有生命的、干巴巴的石头。卡赞察斯基看得入了迷，他写道："我漫步在这庭院中，模糊的渴望在我身边被逐渐照亮，在一个坚硬的内核周围渐渐成形。"

他在这座简朴的庭院中发现了美：简单朴素的线条，苔藓和沙石的鲜明对比，以及沙石的涟漪。但打动他的另一个原因是，他在这枯山水的石头中看到了一个理想化的自己。在游记《日本、中国纪行》中，他这样写道："倘若我能把自己的心变成一座庭院的形状，我愿它正如这座枯山水庭院一样。"

尽管卡赞察斯基在旅途中颇感疲惫，但他不是在说自己的心已死——由于疲惫或麻醉而委顿。恰恰相反，这座沙石庭院让他精神焕发。他从枯山水中悟到的是一种被称为"生命冲力"的形而上理念，这一理念主要来自哲学家亨利·柏格森，卡赞察斯基曾赴巴黎，在他的门下学习。

在《创造进化论》一书中，柏格森将生命冲力比作炮弹

爆炸，它们会不断地碎裂为更多的碎片，如此进行下去，永无止境。这场烟火表演没有目标，没有意图，也没有计划，它只是一种永不止息、富于创造力的变化原则。柏格森的哲学思想属于"过程哲学"，这一哲学传统，包括了古希腊思想家赫拉克利特（"没有人能两次踏入同一条河流"）、怀疑论者克拉底鲁，以及尼采和怀特海等现代哲学家的思想。对于过程哲学家而言，基本的形而上学范畴不是存在，而是"成为"，包括活动、活力、运动。

　　卡赞察斯基吸收了这一基本原则，并把它变成了一种哲学和艺术信条，这是他凝视石头花园时从他"心灵的形状"中浮现出来的东西。在他的文学作品中，他把生命描述为一种持续的辩证运动，它始于最原始的物质或本能，而以自由和死亡为终结，而后再重新开始。例如，在《上帝的救主》一书中，卡赞察斯基阐述了人类的发展，从幼稚的自我主义到对家庭、种族和人性的认识，再到超越人性，进而认识全部生命，乃至整个宇宙。他这样描述这一阶段："宇宙是如此温暖、有爱、亲切，它在散发着我们身体的气息。"这一过程（从默默的冲动到冥想的统一）在卡赞察斯基的现代版《奥德赛》中有所回应，这是他的一部代表作，是他希望能让自己名垂青史的作品。在这篇长诗中，奥德修斯从兽性的暴力和肉欲，转变为崇高的尚武精神，再到理性的思考、禁欲的宁静，最终像圣人一样迎接死亡。主人公奥德修斯跟他的作者一样，从欧洲前往中东游历，再到非洲，最后安然逝于南极那片荒凉的白色大地。卡赞察斯基将奥德修斯渐渐死去的心灵描述为一团火焰，用来比喻脱离了肉体的纯粹意识。在这团火焰中，奥德修斯所有的记忆都多存活了片刻：

> 当一盏低矮的灯笼燃尽它最后的火焰
>
> 余烬从干枯的灯芯上跃起，上升
>
> 它闪耀着光明，带着耀眼的喜悦飞向死亡
>
> 而它暴烈的灵魂，在消散于空中前跃起
>
> 记忆之火熊熊燃烧，吐出长长的火舌
>
> 每一朵火焰都是一张面孔，声声呼唤着
>
> 直到全部生命都积聚在他的喉咙，将死亡击退

就这样，奥德修斯在卡赞察斯基的形而上学阶梯上又上升了一级，并与他的世界融为一体。他化身火焰，吸纳万物，并超越了自我与他者、主体与客体及其他常识性的区别（《奥德赛》最后一整章掀起了这一哲学高潮）。

但这种实现，还不是卡赞察斯基哲学发展的终点。就像奥德修斯那样，他的圣人认识到万物归一，却又更进一步："就连这个'一'也并不存在！"

卡赞察斯基的虚无主义思想来自禅宗，而龙安寺恰恰是佛寺，这难道不是一种巧合吗？对佛教徒而言，石头花园不是为感官享受而设计的，而是让人深思并接受转瞬即逝的现实。禅宗大师们品味着事物最真切的质朴，即佛教所说的"真如"，同时认识到了世事无常。于是，枯山水对于卡赞察斯基来说是一种冥思的工具，是他的又一项灵修练习，提醒他切勿执着于俗物。

　　不过，虽然卡赞察斯基被这虚无的景象吸引，他却并不满足于怠惰的冥想或出尘的超然。就像他给埃米尔·霍尔穆齐奥的信中所写的，"人能从恐惧中收获勇气"。这就是他那本《上帝的救主》不以寂静清修作为结局，而以"行动"来结尾的原因。他写道，问题的关键是"当火花从一代人跃向另一代人时，不要被动地旁观，而是要跃起，与它一同燃烧！"。当然，这个"火花"又是他所谓的"生命冲力"的另一隐喻。

　　如此一来，卡赞察斯基的哲学，首先是一种自律的信条，它强调持续的努力，并且如佛门弟子一样不执着于所得。卡赞察斯基对舒适、骄傲和遵从传统持谨慎态度，因为它们会削弱人的抱负和努力。他给第一任妻子加拉泰亚写信道："最大的罪过就是满足。"在他看来，生命冲力乃是首要的宇宙学和生物学原则，同时也是俗世革新的理由，他认为自己是不断塑造和重塑现实（也包括他自己）的力量的一部分，因此便有了他对坚持和冲突的颂扬（甚至偶尔神化）。"你在追寻上帝吗？"卡赞察斯基在他的现代版《会饮》中写道，"他就在你身边呀！他就是行动，充满了错误、探索、坚持和奋斗。上帝并非找到永恒和谐的力量，而是打破一切和谐，始终寻求更高境界的力量。"

由于违背了东正教和罗马天主教关于完美神性的理想，卡赞察斯基的著作遭到了教会的攻击，但他并没有被吓倒。在《上帝的救主》中，他写道："倘若你是个有学问的人，那就在头脑中战斗吧，杀死旧的想法，创造新的。"这句话也适用于他个人的工作和生活。卡赞察斯基不断努力，把自己的想法和感受转化成文学，然后在下一首诗歌、小说或戏剧中打败它们。在他看来，这是一场与惰性对抗的战斗。让我们见识一下卡赞察斯基在游历欧洲和中东之前的呐喊——"语言！语言！此外再无别的救赎！除了我那二十四个小兵之外，其他什么我都不能控制。我要将它们动员起来，组建一支军队。"而这些士兵反过来又会被其他士兵摧毁或抛弃，并再度被改变。在《上帝的救主》中，他这样写道："攀登再度开始了。"

这样一来，"生命冲力"以形而上的方式表达了卡赞察斯基自己日常进行文学和哲学创作的动力。1954年，即他去世前三年，他写道："我想休息一下，但怎么休息呢？我还要赶时间。我内心有一个声音在无情地催促我。"直到最后，卡赞察斯基的世界始终不变：奋斗、牺牲以及稍纵即逝的转变。

私人西奈半岛

在龙安寺的石头庭院前沉思时，卡赞察斯基便意识到了这个理想：永不止息的创新。乍看之下，这似乎十分荒谬：在无生命的石头里看到原始的生命力。但对卡赞察斯基来说，最活跃、最有生气的思想恰恰生发于简朴的风景之中。在简朴的环境中，生命冲力便有机会施展它自身。

在卡赞察斯基看来，这一定程度上是因为石头也属于世界演化生成的结果。在《上帝的救主》中，他这样写道："如果我们把一块石头从泥沼中挖出来盖房子，或者用石头凿出圣灵，这块石头就得救了。"无论从基督教义的哪一方面来看，卡赞察斯基都并不相信石头真的得救了。他只是用这种诗意的方式来表达他对浪费的蔑视，以及对未转化成他物的原材料的蔑视。人类为了自身的发展，必须与这个世界一起不停劳作，将物质"化为"新的形式。他说："每个人都有自己的圈子，这个圈子里有树木、动物、人和思想，人有责任守护这个圈子。不然，他自己也不能获救。"

出于这个原因，这位作家认为最艰苦的地方对艺术是有启发性的，它们迫使人类去创造和毁灭，以求生存。1927年卡赞察斯基在西奈半岛旅行时，面对着"荒凉干旱、阻碍重重的沙丘，它们藐视人类，令人类望而生畏"。他骑着骆驼来回游走了几个小时，思索着希伯来人的命运。当希伯来人在这片沙漠中存活下来时，他们变得更顽强、坚忍，与此同时，他们的神也发生了改变。"他不再是一堆无名的、无家可归的、看不见的弥散在空中的精灵，"作者在《旅行》中写道，"他变成了耶和华，那位苛刻、残忍、睚眦必报的神，他只庇佑一个民族，是希伯来人的神。"而这位神反过来又鼓舞他的民族继续战斗，并阐释了他们的道德和政治法令。作为一种理想，上帝是希伯来人生存意志的体现，在恶劣的气候中产生。卡赞察斯基还在他的家乡克里特岛以及在西班牙旅行时发现了这种转变。他认为，卡斯提尔"荒凉而不宜居住的群山"模糊了现实和梦境的界限，那是一种残酷且壮观的景象。他在自己的旅行游记《西班牙纪行》中写道："这让人热血沸腾，觉得只要有一颗勇往直前的心，一切皆非难事。"受艰苦童年的影响，他认为这种贫瘠与荒凉也蕴含着复苏的力量，要不然，就只有死亡和灭绝。

在其他地方，卡赞察斯基也提出了相同的观点。他在书中多次提到，甜美富饶的风景剥夺了人们的斗志。卡赞察斯基一家人在克里特岛被占领后逃亡到希腊的纳克索斯岛，在这里，他发现了一种更富足的生活。他在自传《写给格列柯的报告》中写道："到处都是堆成小山的甜瓜、桃子和无花果，四周大海环抱。"纳克索斯岛上的生活舒适而平静，但对卡赞察斯基而言，它容易让人自满，这令他十分不安。

尼科斯·卡赞察斯基显然是一个极端的人：既理想又世俗，既热情奔放又坚忍不拔。在他去世半个世纪以后，他的激情仍可见诸散文，他的友人潘德里斯·普雷夫拉基斯恰如其分地将其描述为"轻率又委婉，且常常兴奋激动"。卡赞察斯基那毫不妥协的风格，在他直白的墓志铭中表露无遗："吾无所求、无所惧，唯享自由。"并不是每个人都能有卡赞察斯基那种强迫式的职业道德，或者那种把平常之物和形而上之思融为一体的嗜好。在《写给格列柯的报告》中他写道："在我心中，即便最抽象的问题，也具有温暖的肉身，它闻起来要么像海洋，要么像泥土，要么像人类的汗水。"

尽管如此，卡赞察斯基对那处日本枯山水的反应，鲜明地表达了一种更常见的生存与艺术上的野心。他提醒人们要不断改造自身和世界，但也暗示这场努力终究只是徒劳。

三年前的夏天，我在已故的邻居身上看到了这一点。他是一位热心的园丁，一连几个星期，他都在他那秀美的爱德华七世风格的花园里耙石头。我清楚地记得他的样子，他中风后很虚弱，还常常失去平衡，需要靠助行器来保持站立。但他还是拖着他的耙子，一块卵石接一块卵石地耙过那条小径。他这么做似乎毫无意义，因为我的孩子们时不时会跑到前门，还有小狗跑来跑去，偶尔还有汽车倒出大门，他每日的劳动成果很快就变成一团糟。毫无疑问，他应该把精力放在身体康复上，好好静养。但他仍坚持着，默默地与顽固的沙砾石子作战。一个星期接一个星期，如此日复一日，最后他连自己站着都做不到，更别说拿起耙子了。

对我来说，这是卡赞察斯基哲学的一个感人例证。我邻居的石头永远不会发芽、开花，但它们却激励着他不断改造他的小径，而且，谁都无法向他保证这件事情能做完，他坚持着，还承受着衰老和疾病带来的不适。这便是生命冲力：一种创造和毁灭的渴望，即便看似无用，也要去制造与再造、发明与抛弃。没有生命的鹅卵石是一份邀请，让我们在还有机会的时候，更加丰满地活着。

第十一章

让－保罗·萨特：栗树与虚无

我说我们也许可以去散散步，他对我的所有建议都置之不理。他说，他对叶绿素过敏，这个绿茵茵的草场让他筋疲力尽。他能忍受它的唯一方式就是忘掉它。

——波伏娃《岁月的力量》

让－保罗·萨特是个失败者，或者说，他就是这么想的。二十九岁的他，不再是一个有前途的年轻人，也不再是外公的宠儿。萨特在索邦大学的考试中拿了最高分，并在颇负盛名的巴黎大学表现出色。然而，在 1934 年，他发现自己只能在勒阿弗尔（诺曼底一个保守的港口城市）教哲学。萨特并不讨厌这座风景如画的城市，但在他看来，这是他碌碌无为的象征。

萨特使出了浑身解数来活跃课堂，他一边抽着烟斗，一边兴奋地脱稿讲课。他和孩子们一起打乒乓球，赤膊打拳击。一个学生写道，这个矮小的斗鸡眼哲学家是个"精力充沛、充满激情、有趣而严肃的人"。但萨特也忧心忡忡，已近而立之年，却碌碌无为。没有长篇小说，没有代表作，甚至没在杂志上发表过哪怕一篇短文。萨特和他的朋友兼情人西蒙娜·德·波伏娃在海边的一家咖啡馆喝着酒，回味着他那单调乏味的生活——在他的战争日记中，他称之为"软弱、失败的存在"。他的事业停滞了，他的朋友们也一样。他的视野里没有任何新事物，波伏娃也是如此。她在《岁月的力量》里写道："我们都已过而立之年，却没有任何新鲜事发生在我们身上！"对萨特来说，勒阿弗尔的单调乏味简直就是对"伟大"执行了死刑。

1. 脏货！脏货！

　　萨特当时还没意识到，勒阿弗尔将会给于 1937 年问世并开启他职业生涯的小说《恶心》提供两个最著名的角色。第一个就是与倦怠、失恋和生存焦虑苦苦抗争的安托万·罗冈丹，《恶心》中愤世嫉俗的主人公；第二个是布维尔（一个主要以勒阿弗尔为原型塑造的沉闷的港口城市）公园里的一棵栗树。1931 年 10 月，萨特坐在勒阿弗尔公园的长椅上，花了足足二十分钟琢磨这棵树。他脑海里浮想联翩，当他心满意足时，便起身离开了。他在给波伏娃的信中转引弗吉尼亚·伍尔夫的话，说他打算"把这棵树变成某种不一样的东西"。如果萨特有波伏娃的浪漫气质，这棵树也许会催生种种幻想。比如在巴黎郊区的圣克卢，波伏娃后来写道，在河边和树林里她是多么"兴高采烈"，而萨特却没有。萨特调侃道："瞧，那只'海狸'[1]

---

[1]　波伏娃姓氏的法语发音很接近"海狸"，所以萨特常把她戏称为"小海狸"。

又在做白日梦了！"不管那棵栗树多么美，他在《恶心》中都是带着极度的厌恶感去书写它的。

在萨特讲的这个故事中，罗冈丹造访公园是一次哲学上的顿悟，谈不上愉快，却颇有启发。几周来，罗冈丹一直被他所说的"恶心"困扰，这是一种由普通事物引发的反胃和眩晕，这些东西可以是杯子、食物和手。他与别人疏远，对他们轻松的正常生活愤愤不平，但在布维尔的公园里，他终于明白了问题的根源：存在就是令人恶心的。不是这个或那个存在，而是存在本身，万事万物的根本存在。而且，对于罗冈丹（萨特）来说，栗树是这一切最有力的象征。《恶心》中的这段文字值得细品：

> 我的目光所及，只有丰盈茂盛。树梢上充满存在，这种存在不停地更新，但永不诞生……我瘫坐在长椅上，惊愕不已，这么多无根无源的存在弄得我晕头转向，四处都是盛放的花朵，我的耳朵里的存在嗡嗡作响，连我的身体都在颤抖、敞开，要融入正在萌芽生长的万事万物中，这真让我感到厌恶。

对萨特来说，这棵树令人作呕，因为它毫无存在的理由。它本然如是。说"如是"有点傻，因为它不仅存在着，没有计划和追求，而且它还持续存在：生长、开花、结果、繁殖，然后开始新的轮回。不是这棵栗树自己想活着，而是它无可奈何地活着。罗冈丹说："一切存在物都是毫无道理地出生，因软弱而延续，因偶然而死亡。"他在公园里看到的每一个地方，都有这样一个荒谬的存在：生命，在没有正当理由的情况下繁衍。所有被众生披挂在身的意义——美丽、德行、亲切的怀旧——都只是肤浅的面具。在面具下则是可怕的存在，没有任何区别，只是令人憎恶的多余之物——一种四处蔓延、结成块的本体论橡皮泥。对罗冈丹来说，这座公园是一座恐怖大厦。他大喊道："脏货！脏货！"

2. 恶心与虚无

显然，这部小说并不是勒阿弗尔生活的直接翻版，罗冈丹也不只是虚构化的萨特，但本质上他们是同一个人。萨特在他的《战争日记》中写道，罗冈丹就是他自己，就是作者本人，只是去掉了他的"生活原则"，也没有他的骄傲、激情和野心。罗冈丹的忧郁、苦闷和厌恶感都是萨特的。萨特曾在勒阿弗尔饱受抑郁之苦，还嗑药——写作的时候服用兴奋剂，睡觉时则服用抑制剂，他还体验过致幻剂的滋味。在酶斯卡灵[1]的作用

---

[1] 一种致幻剂。

下，雨伞变成了秃鹰，鞋子变成了骷髅，波伏娃在《岁月的力量》中回忆道，还有黏糊糊慢慢蠕动的生物："螃蟹、珊瑚虫和怪诞的东西"，这让萨特更为消沉，精疲力竭。

萨特对"天然"食物和风景反感，他不断地书写恶心，持续了好几年。六年后，萨特开始创作他的存在主义代表作时，他把恶心作为其思想的一个基石。在《存在与虚无》中，萨特把恶心称作身体的"味道"。这需要一番阐释，因为这本书是出了名的含糊（一部分原因是流行的日耳曼术语，另一部分原因是萨特正在服药，安非他命的药效使然）。萨特所用"身体"一词，不是指字面上的皮肤和骨头，而是指意识对赋形的体验。我们构建了这副身体，身体是意识的一部分，这也适用于世上的一切事物：我们从来就不曾接触、闻到或看到原始的存在，即萨特所谓的"Being"。萨特并不是说没有现实，而仅仅是说我们的现实是纯粹的意识。他写道："我想抓住……存在，而且除了我自己，我再也找不到任何东西。"存在没有数量，也没有品质，所有这些都是意识赋予的。存在就只是那么存在着，这是对存在的全部解释。存在是偶然的 —— 不必要的、武断的、无意义的。我们通过对这种偶然事件说"不"来彰显存在。这是萨特对 20 世纪思想的一大贡献：意识是对纯粹存在的否定。意识也否定自身，它拒绝自身的纯粹存在，它是分裂的。我们把意识分割成若干部分，"这里"和"那里"，

"此时"与"彼时"——每一个意识的断裂处都是心灵中一个小小的"虚无"（该书的标题正由此而来）。

就这样，萨特的意识观是一种令人不安的创造和毁灭，不断地创造自己和它的世界，然后对二者说"不"，又重新创造它们。在萨特看来，这就是自由：我们超越了我们的物质性，不断地在意识中创造我们自己，或作为意识而存在。然而，萨特仍相信我们跟其他众多物质性的存在一样，人也是物质性的存在，身体就是这样来的。这是对物质性的意识、对存在的归属感，这是在这个身高、体重和种族的基础上，对此时此地的不可回避的感觉。萨特所描述的恶心，是对这种毫无意义的偶然性的提醒，是失去自由的滋味。所有的一切——血液、内脏和腐烂的肉——让我们感到恶心，让我们想起身体这副臭皮囊。这就是罗冈丹觉得栗树很恶心的原因。因为，当他凝视着它的时候，他偶然发现了一个哲学原理：任何比纯粹自由更低级的事物，是无缘无故、乏味而无生命力的存在，而我们总是被抛入其中。

在《恶心》中，萨特从杯子和椅子上看到了偶然性，但激发他想象的却是那棵栗树，这绝非巧合。这位哲学家尤其对"自然"不屑一顾。他从不爱跟"小海狸"和朋友散步。他们散步的时候，他就坐在那里写作，完全无视周围优美的环境。他喜欢吃罐头食品而不是新鲜的食物，住在城市高层公寓里时最快活。"二战"后，波伏娃接受《时尚芭莎》杂志采访，她这样描述这位法国的访问学者：

> 他讨厌这个国家。他厌恶（这个词的力度远远不够）那些一大群嗡嗡飞来飞去的昆虫以及繁茂生长的植物。他顶多能忍受海平面、连绵不绝的沙漠或寒冷的阿尔卑斯山峰，但只有在城市里他才觉得舒适。

这显然是报刊文字而非哲学，如果是哲学的话，波伏娃就是在开玩笑。这次采访一定程度上将存在主义转化成了一种时尚：咖啡馆、黑色高领毛衣、爵士乐。这样的萨特是时尚达人而非终身学者。不过波伏娃的描述是准确的：萨特是发自内心地讨厌我们所说的"自然"和自然风景。他的"栗树恐惧症"就表明了公园和花园都遭到了他的蔑视。在《恶心》一书中，他写到了生长在海边栏杆上的"被阉割的家养植物"。它们肥硕的白叶子感觉就像"软骨"——因为下雨，布维尔的一切都变得又白又胖。他觉得自己被包围了，所以他害怕离开城镇："植物"（Vegetation，请注意首字母是大写的）张开绿色的爪子到处抓挠，爬满了所有的地方。这就是经典的萨特笔风，就像《神秘博士》的情节：被潜伏的羊耳袭击。

所以，在这位哲学家眼中，植物就是存在的象征。而存

在是偶然性的，是纯粹的、没有自由意识参与的存在。这个象征，传递出一种不愉快的情绪——恶心，这让萨特的眼光显得与众不同。他所推崇的思想家们没有这样的直觉反应。比如德国哲学家海德格尔，他就深深地影响了萨特。萨特说，他从20世纪30年代开始读海德格尔的《存在与时间》，"二战"期间在战俘营中他又更投入地研究这本书（海德格尔的散文值得身陷困境的人细读）。海德格尔对人性进行了更令人瞩目和系统的描绘，胜过其他任何现代哲学家，在他那里，人性就是在一个无意义宇宙中昙花一现的意义爆发。但是，当海德格尔认识到我们令人焦虑的责任时，他从来没有回避过"存在"，也就是说，从来没有从"存在"这一赤裸裸的现实中退缩。尤其在后期的作品中，海德格尔表达了一种充满敬畏的惊讶——存在是某种值得尊敬而不是厌恶的东西。比如，在1955年的"纪念讲座"上，他谈到，我们从存在中退回来，不是退避，而是仿佛我们停下脚步，惊奇地欣赏风景。无独有偶，这位德国学者喜欢被萨特厌恶的乡村景致：林地、溪流、简陋的农舍。萨特尤其回避与波伏娃和朋友们徒步，而海德格尔经常在写作间隙远足，他甚至有自己简陋的黑森林小屋。所以，萨特奇怪的厌恶感并非来自基本的哲学原理的影响，也不是他追随海德格尔，认识到了人性的飞跃。这位法国人的厌恶感只是他自己与众不同的特征罢了。

众所周知，萨特对别人身体的病痛丝毫不上心。在希腊的一次乘船旅行中，波伏娃在波涛汹涌的海上剧烈地呕吐。她在《岁月的力量》中写道："萨特对我的一阵阵反胃无动于衷，他认为这是我故意使坏。"尽管嗑药和生病，这位大腹便便的哲学家却有一副强壮的体格。但在哲学上，萨特是由比海德格尔、也许还比波伏娃更脆弱的事物构成的。当它变成普遍存在，特别是到处攀爬、四处蔓延的植物时，萨特就感到胃里恶心。

3. 小癞蛤蟆

萨特的恶心始于他的童年。他早期的作品强调意识的彻底自由。他说，这就是它的无根之源。但是后来，这位哲学家进行了更弗洛伊德式的分析，追溯了童年创伤的影响。在他对自己和其他人（福楼拜和让·日奈）的分析中，他勾勒了自己的心理成长历程。结果并不总是让人信服，但后来的传记作者证实了一些关键点。

在萨特的自传《词语》中，他回忆起自己在蹒跚学步时就被打扮得十分女性化，像个被娇宠的小姑娘那样，身上戴着长长的金色小铃铛。他从来没有因典型的男性特质受到重视，人们喜欢的是他的可爱模样与叽叽喳喳的顽皮劲儿。当他的外公、一家之主查尔斯·施威茨尔剪掉他的鬈发时，一切就都变了：无论是对一个成年人还是对萨特本人来说，他的相貌都明显不讨人喜欢。突然间，那个宠儿不见了，变成了一只眯着眼的"癞蛤蟆"，身体孱弱，右眼迷离无神。萨特对自己越来越失望，巴黎的卢森堡花园一游，最终让他彻底幻灭了。没有人和他玩。别的孩子觉得他既不漂亮，也不强壮，还不勇敢，当然，更不是自己热衷的冒险故事里的英雄了。他只是个又丑又笨的小不点儿。这不是嘲笑也不是憎恨，而是更糟糕的——他成了一个透明人。他写道："我遇到了真正的法官，他们对我的冷淡就是对我的控诉。我无法承受他们揭穿我的痛苦：我既不是什么奇才，也不是软蛋，只是一个没人感兴趣的小矮子。"所有萨特无法控制的——他的身体、相貌，他的物质属性——都让他感到沮丧，都让他厌恶。他在《战争日记》中写道，他被看成"一头令人厌恶的山羊"。天生如此，让他太失望了。

随着萨特故事的发展，引发这场危机的外公也提供了治愈之法：文化。查尔斯·施威茨尔是一个受过良好教育的人，他是一位德语教授，也热爱法语，写了若干本教科书。他鼓励这个男孩阅读法国和德国的经典小说、百科全书、儒勒·凡尔纳的作品，更重要的是还要动笔写作。在萨特漫长的人生中，他写过诗歌、散文、长篇小说，他是一个多产作家，每天能写大约二十页。虽然萨特的学习成绩随着他的心情和家庭环境的变化起起伏伏，但这个男孩显然具有智力上的天分，并把这种天分与他对文字的敏感和热情结合了起来。他的外公和母亲依旧尽心尽力地为他鼓掌，只不过现在的赞扬不再是在夸他忸怩作态的秀兰·邓波儿模仿秀，而是表扬他文学上的表现。后来，萨特十几岁的时候，他意识到他能用文字打动同学和女孩。传记作家罗纳德·海曼写道："写作是一种勾引，其目的是拨开事物的神秘面纱，并将它光彩夺目地献给一个姑娘。"与此同时，萨特也开始为自己写作。这仍然是一场表演，但这是一场他能够见证和评判的表演。他在《词语》里写道："我通过写作而存在，并由此摆脱了大人。我之所以存在仅仅是为了写作，而且如果我说'我'，指的就是那个在写作的我。"想在卢森堡花园里玩耍的他是一个失败者：他是一个局外人、"一只丑陋的小癞蛤蟆"。在拉罗谢尔的一条鲜花大道上，他想搭讪一个名叫丽赛特的姑娘，却被当成"一个斗鸡眼小流氓"。然而，在书房、图书馆、教室、咖啡馆这种地方，萨特可以称王。天性不足的地方，由文化来弥补，所以他憎恶自然天性。

卢森堡花园遭到了萨特的否定，所以一切花园都被他否定了，这个简单的联想还不是重点，重点是，一直以来他苦苦追求被爱与被在乎，卢森堡花园一游只是他漫长抗争中的一段小插曲。如萨特所述，这在他内心造成了一种深刻的分裂，一方面，他为自己聪明的头脑、滑稽的表演和文学天赋而自豪，另一方面，他又为自己的体格和身体功能感到尴尬和痛苦。他对自己的声音、想法、幽默有极大的信心，这一切为他赢得了许多漂亮女人，他喜欢被她们簇拥的感觉。但萨特很少享受性爱，就是因为性爱的身体属性。他在《存在与虚无》中关于黏液的古怪章节也是在咒骂树液、精液和性——黏液被他称为"病态和甜蜜的女性化的复仇"。显然，他为性苦恼，而且他觉得情人没法从他的身体中获得快乐。性兴奋让他感到不适，并称自己"与其说在做爱，不如说在自慰"。比起这两点，他更喜欢的是给波伏娃写信，在信中纤悉无遗地描述这一切。哲学家贝尔纳·亨利·利维在一篇关于早期情事的文章中写道："萨特睡了比安卡，但他跟海狸才能共赴高潮。"

所以，跟在哲学里一样，萨特在生活里也是个绝对主义者。他在《存在与虚无》中说，他的自由是绝对的：所有赢得他认可的东西都是无限的。这就像一个小学生梦寐以求超人的力量，只看力量，却不看肌肉。所有压迫他的都是绝对的他者。他拿走了身上令人厌恶的部分，把它们彻底驱逐出去，它们由此变成了纯粹的存在——愚蠢的、不正当的、恶心的存在。利维写道："这种丑陋，在存在的经济与和谐中引发的绝对灾难，让他确信世界的黑暗不可战胜，并且确信世界与他之间无法达成和解。"这就是萨特把恶心写进勒阿弗尔公园，并把它作为哲学基础的原因：栗树是自然的一部分，他从他身上剔除掉这部分，安置在本体论深渊的另一边。海德格尔热爱存在和自然，而他最著名的法国学生对二者都有所诋毁。

萨特的哲学，被视为对不适、尴尬和笨拙处境的逃避，与其说他的哲学是一种有关自由思想的高明理论，不如说更像一种自我保护的有机组织。简单地说，这不是纯粹意识的作品。萨特的意识充满了本能和冲动，这些本能和冲动是认知上的，也是生理上的。从自己的身体到整个自然，萨特选择了逃离，在这个过程中，他又展示出二者不可避免的影响。真是讽刺，哲学家成了伪君子，在众多这类事例中，萨特的栗树厌恶症是自欺欺人的典型。

4. 成长

波伏娃的体验正好与萨特完全相反。在她的自传性作品中，她自由地写下了利穆赞风光带给她的欣喜，它激发了一个孩子简单的遐想。（她在《端方淑女》中写道："在荆棘树篱下和树林的中心有宝藏。"）随着她年纪的增长，面对成人之爱、战争、贫穷与丧失，她对自然的热爱日益加深。"二战"后，波伏娃从印第安纳州的加里写信给萨特，当时她正和她的情人、美国作家纳尔逊·阿尔格伦住在那里。和阿尔格伦在一起，她享受到了跟萨特一起时无法品尝的东西：徒步旅行和充满激情的午后床上时光。在常见的流言蜚语和政治哀歌中，她回忆起她朴素的幸福："在花园里，我脚下就是一个小小的湖。"

波伏娃有勇气拥抱实实在在的身体：她自己的和整个世界的。这并不是说她的思想中没有渗透萨特的存在主义。在波伏娃颇具影响力的女性主义著作《第二性》中，她认为身体并不是一个女人存在的全部，而是"限定我们发展的一个因素"。身体"不足以定义她女人的身份"，她写道："除了由有意识的个人通过活动和在社会的怀抱里表现出来的，没有真正的生活现实。"这是经典的萨特式思想。使妇女在经济、职业上遭受不平等的不是生育，而是非常特殊的社会和心理状况。同样地，波伏娃分门别类地记录了渗出的、痉挛的和流血的（"血淋淋的裁决书"）女性身体——这是在呼应萨特有关黏液章节中的树的隐喻。但跟萨特不同，她认为我们的身体与我们的思想紧密相连。没有纯粹的自由，所有的一切都打上了身体的烙印。她承认她的意识是杂交品种，萨特的意识则品质纯正。波伏娃在《岁月的力量》中谈起萨特："如果你哭泣、神经紧张、晕船，他说……你只是装出一副软弱的样子。我……说我的胃、我的眼泪，还有头部本身，都常常屈服于不可抗拒的力量。"波伏娃承认，就像勒阿弗尔的公园一样，她的心理也有盲目、朦胧、轻率的一面，也就是萨特所说的"存在"。当波伏娃像个小姑娘一样欣赏"垂柳、玉兰和智利南美杉"的时候，她正陶醉在被萨特厌恶的存在中。

尽管萨特心有畏惧和厌恶之感，但他还是过着一种充实的生活，并且被许多人痴爱。作为一个男人，这位哲学家可能是好笑、动人和有趣的——一个健谈、聪明、精力充沛的人。他压榨、欺骗女人，同时也对她们慷慨、忠诚。数十年来，他一直否认自己的身体，这最终给他带来了一身病痛：头晕、跛足、失明、大小便失禁，但波伏娃以及其他女友，都十分坦然坚忍地应对他的处方药和酒瓶子。在超过四分之一个世纪里，波伏娃的书信读来都是对萨特满满的爱慕：从1930年的"一百个吻"到1955年的"热烈拥抱和亲吻"，波伏娃是她"亲爱的小个子"的忠实朋友。当他在法国和国外搭讪美女时，她忍受了他的逃避和背叛。萨特对波伏娃后来的情人克罗德·朗兹曼说自己带着点"坟墓气息"，若真如此，连死亡的臭味也没有让他的情人们恶心反胃。

作为一个作家，萨特是一个具有罕见能力的小说家和一个大胆的记者。在他的整个职业生涯中，他一直致力于写作，哪怕他已忘记他的读者。如果说萨特不算最具独创性或影响力的学者，那么他肯定是20世纪最著名的哲学家、典型的知识分子。他死后，五万名崇拜者参加了他的葬礼，他的名字引领了20世纪50年代存在主义的潮流，有很多人的名字只因他而被铭记。萨特片面的哲学并没有剥夺他应有的成功和名声。他的缺陷，在哲学和生活上的缺陷都是一致的。关键是，让－保罗·萨特是典型的现代城市思想家，对他来说，花园介于乏味和恶心之间，而且，他并不怀念他所失去的。

第十二章

伏尔泰：所有庄园中最好的一座

人生布满荆棘，对此，除了种好自己的田地外，我认为别无他法。

——伏尔泰致皮埃尔－约瑟夫的信，1769 年 10 月

照料好你的葡萄藤，除掉害虫。

——伏尔泰致让·达朗贝尔的信，1764 年

伏尔泰裹着厚厚的皮大衣，戴着五顶丝绸帽和一顶毛线帽，坐在他的"小屋"里：这里指的既不是他新古典主义宅邸中的豪华书房，也非私人房间，而是一棵老菩提树下的一条长椅。午后阳光下的空气带有几分暖意，但詹姆斯·鲍斯韦尔口中的这位"法国文学之王"仍冻得有些哆嗦。这位伟大的启蒙作家 —— 随笔作家、剧作家、诗人和讽刺作家 —— 年过七旬，已经瘦得皮包骨头了（当然他的鼻子是挺的，讽刺漫画家总不忘强调这一点）。伏案写作时，他不断变换着坐姿 —— 他已经患上了前列腺癌，而它将在七年后的1778年夺走他的生命。尽管如此，他仍然笔耕不辍。他坐在费尔奈庄园的草地石径外，隐身于一座廊架下，看上去仿佛一个资产阶级歇业者，正在给他的二十三个园丁写指令，或者正在洽谈一笔有利可图的贷款。但驱使这位富有的七旬老人离开他那有十六间卧室的城堡的，并不是家务事或商业活动。在他的花园小屋里，伏尔泰正践行着他在普鲁士作为腓特烈大帝供养的哲学家所奉行的座右铭："除掉害虫（écrasez l'infâme）！"

"害虫"是伏尔泰给在任何时代都会破坏自由并阻碍思考的事物取的代称。在他那个时代，正是狂热的国教和法国专制主义的联盟侵害了这位作家的道德原则，在公开和私下场合给他造成了许多痛苦。在18世纪的大部分时间里，法国是一个正式的罗马天主教国家，处在教会仪式、教条和迷信的统治下，几乎不存在司法赔偿，而且法律本身在行文和应用上也有偏颇。在漫长的一生中，伏尔泰对法国无辜公民遭受的压迫日渐感到愤慨。例如，他的朋友兼情人艾德丽安·勒古弗勒死后，教会拒绝为其举行基督教葬礼，而她的罪名是：身为女演员。王公贵族们可以在伏尔泰的戏剧中扮演角色，无须承担罪责，但像勒古弗勒这样有才华的女性却被神父、贵族和类似的法国公民一致斥为与妓女无异。勒古弗勒去世时年仅三十七岁，尽管伏尔泰疯狂游说，她最后还是被草草葬在了巴黎郊外荒地上的一座贫民墓地里。仅仅几个月后，1730年10月，她的英国同行女演员安妮·奥德菲尔德就被葬在了威斯敏斯特大教堂。在伏尔泰看来，这场无端的悲剧便是"害虫"造成的。同样是这个教会和国家联盟禁止正式出版伏尔泰的史诗作品——歌颂前新教国王亨利四世的《亨利亚德》。不经审判也不需同僚裁决，"害虫"就把伏尔泰投

入了巴士底狱，因为他秘密出版了《亨利亚德》。伏尔泰是在更加进步的新教国家荷兰印刷的这部书，然后通过一辆运家具的马车偷偷地把书运回了巴黎。在伏尔泰眼里，18 世纪的法国把最糟糕的宗教迷信——圣餐、请愿祈祷、圣战和原罪等信仰——与愚蠢的国王、恶毒的牧师和腐败的议会结合在了一起。

为了与"害虫"作斗争，伏尔泰（受洗后的弗朗索瓦－马利·阿鲁埃）——成为一名顽固的改革家、慈善家和煽动家。他的目的很简单："少一些迷信，就少一些狂热；少一些狂热，就少一些不幸。"虽然他相信上帝是至高无上的造物主，但他却痛斥教会，认为它堕落不堪。他嘲笑君主制，支持受迫害的新教徒，并大力投资地方企业和基础设施。伏尔泰从未放过挖苦神父的机会，他笔下流露的热情，至今仍能逗得读者与他一起哈哈大笑。1764 年，美国医生约翰·摩根到费尔奈拜访他，对这位德高望重的主人对法国教会的愤怒大感惊讶。伏尔泰怒气冲冲地说："憎恨虚伪，憎恨大众，尤其最恨神父。"根据詹姆斯·鲍斯韦尔的描述，伏尔泰在神职人员面前变得无比愤怒，"就像古罗马的演说家似的"，这股怒火让他几乎晕了过去。他的剧作（除了讨好法国宫廷的那些）也都是对宗教偏见的抨击。他相信，即使是最残忍的狂热分子，在舞台上目睹自己犯下的罪行也会落泪。他在他的《哲学辞典》中写道："眼泪是对悲伤的无声诉说。"但除了通俗剧之外，伏尔泰还有更多的锦囊妙计。他还以一种介于专栏作家和单口喜剧演员之间的方式，用讽刺和俏皮话嘲讽他的同行。他嘲笑卢梭："在把人们变回畜生这方面，没有人表现得像您这样机智了。拜读了您的著作之后，让人不禁渴望用四条腿走路。"

尽管进行了那么多公开辩论，伏尔泰并没有致力于对学术细节的研究。（他打趣道："所有哲学家都是古怪的人。"）他的梦想是推动变革：思想上的变革，并且越来越偏向于法律、技术和行为上的变革。1729 年，他从思想相对自由的英国回来后，完成了《哲学通信》一书，他写道："达到某个点之后，研究便只能满足好奇心了。那些巧妙而无用的真理仿佛是离我们过于遥远的星辰，并不能带给我们任何光亮。"从这一点来看，伏尔泰算不得一个更现代意义上的哲学家，即系统的理论家，纯粹为了追求真理而追求真理。相反，他更接近古希腊哲学家，如苏格拉底和斯多葛派学者：他们对科学和现实的本质很感兴趣，但更关心用理性来改善自身和社会 —— 18 世纪的法国人把这种人叫作"哲学家"。他写下这样的话以表达对基督教哲学家兼数学家帕斯卡的反对："人是为行动而生的，就像火花升腾……对人类来说，不行动与不存在，就是一回事。"而伏尔泰比大多数人都富有生命的火花。

1. "种咱们的地要紧"

在伏尔泰看来，费尔奈的花园便是他"行动"的象征，象征着利他主义的地方改革，对顽固的保守主义的反对。他在1759年出版的小说《老实人》中大胆地提出了这一观点，当时他刚在费尔奈安顿下来。在这部长篇讽刺作品中，他借邦葛罗斯博士表达了一种形而上的乐观主义，这个角色是哲学家戈特弗里德·莱布尼茨等人的化身，其中也包括与伏尔泰同时代的晚辈卢梭。邦葛罗斯相信，这个世界是所有可能的世界中最好的一个，用宇宙学的话说就是"一切都是最好的"。强奸、酷刑、贫穷、饥饿，可能看起来像是一位残忍或无能的神的杰作，但它们只是一整幅壮丽画卷中的一部分（我们也许可称之为"形而上的附带损害"）。当这种哲学与普遍存在的不平等和不公正相结合时，便发出了一种极为保守的信号：无视世上的暴行，因为一切都是最好的结果。伏尔泰向我们展示了他的主人公老实人天真地接受了这些陈词滥调，然后被迫直面它们的荒谬过程。在目睹并亲自遭受了一系列"害虫"行径之后，老实人摒弃了"形而上学—神学—宇宙—黑人"的把戏，而选择了看似归隐的安静生活。他反驳邦葛罗斯的最后那句话，如今已广为人知："还是种咱们的地要紧。"

乍看之下，这似乎是对苦难软弱无力的回击——脱离尘世，这与他当之无愧的"文学斗士"的威名格格不入。《老实人》的许多章节是伏尔泰在费尔奈写的，确实远离了国王的宫廷和议会。在巴士底狱蹲过牢房，并忍受了从巴黎流亡的痛苦之后，伏尔泰决心远离法国当局。费尔奈庄园所在的培伊德盖，远离巴黎和凡尔赛的权力中心，而且靠近边境，倘若他需要逃往瑞士或普鲁士的纳沙泰尔保护国，从这里出发也颇为便利。在青年和中年时期，伏尔泰的大部分时间都在从一个恩主投奔另一个恩主，并听凭地方贵族和神职人员使唤。经历了这些，他认识到：距离可以保护他在文学上的自由。普鲁士国王腓特烈二世曾把哲学家比作橙子，被人压榨取乐，然后扔掉。伏尔泰决心"把橙子皮放在安全的地方"。在买下"乐园"时，他坦率地表达了这些想法。他在乐园中写道："我想说什么就说什么，想做什么就做什么。"在法国边境内的费尔奈，伏尔泰吃着他的奶油蛋糕，享受着瑞士的安全，但又置身祖国的土地。

伏尔泰也利用他的庄园来避开俗名之扰。当六十多岁的伏尔泰买下费尔奈庄园的时候，与其说他是一位名人，倒不如说是一位文学旗手。当初，他乘坐一辆豪华马车，身着深红色天鹅绒和貂皮大衣，来到费尔奈和图尔奈，迎接他的是花束、满筐柑橘和礼炮。在接下来的一年里，他就像宫廷里的国王一样款待自己的宾客，尤其是游学的英国人和苏格兰人（据伏尔泰的传记作者罗杰·皮尔森的说法，他在十年里共接待了一百五十名英国人）。1768 年，他这样写道："到目前为止，我已经当了十四年的欧洲客栈老板了。"由于他崇高的声望以及作为房主和慈善家的职责，伏尔泰常常受到打扰。费尔奈庄园的小径和凉亭则为他提供了舒适的避难所，让他得以免受自己庄园里很多客人的打扰。伏尔泰坐在他那被"常绿树篱"掩藏起来的长凳上，重拾了他因成名而失去的独处机会和宁静时光。

不过，对伏尔泰来说，这座花园并不像僧侣清修地那样宁静，实际恰恰相反。这个花园虽然保护了他免受攻击和打扰，但它也是对同情、责任和实用主义的大胆隐喻——呼吁他去改善周遭环境。伏尔泰认为，这个世界已被痛苦和残酷破坏，并没有一位仁慈、全能的上帝会降临人间收拾这个烂摊子。并不存在什么伟大的计划，也不存在上帝的旨意，当然国王和神职人员的使命更是无从谈起。但伏尔泰认为，这并不是愤世嫉俗或者陷入宿命论的理由。大自然赋予了人类理性和希望，改变命运要靠我们自己。我们不应该玩弄宏大的哲学体系，也不应该为权力而疯狂，而是应该从自己能影响的范围着手：我们的婚姻、孩子、城镇和简陋的后院。因此，伏尔泰积极投身于对自己庄园的打造当中。费尔奈地里的小麦不会奇迹般地自动生长；男爵老爷要想吃上面包，必须年复一年地播种和收割。费尔奈需要的是实际的专业技能、不断的劳动和奉献。民事机构也是如此：这座庄园代表整个法国，它理应被明智、仁慈、宽容地治理。这就是伏尔泰结论的要点：老实人的花园需要小心、细致的耕耘——既要培育土壤，也要培育花草。

但这可不仅仅是《老实人》里一时绽放的文学兴致。在伏尔泰与他人的通信中，园艺是贯穿其中的一个主题，尤其是在他鼓励改革的时候，更是多有提及。例如，在写给数学家兼百科全书编者让·达伦贝尔的信中，伏尔泰就认为，"推翻宗教和暴政巨人"的时机已经到了。1764 年，伏尔泰对达伦贝尔说："照料好你的葡萄藤，除掉害虫。"伏尔泰在给百科全书编者的信中经常使用这个比喻，往往和水果、鲜花以及"播种好谷物"等意象一同出现。在伏尔泰看来，园艺和启蒙改革属于同一项事业：利用人天生的智力来推进自由、把握时机。"种好自己的田地"就是让此时此地的这个世界变得美好一点。

更重要的是，伏尔泰庄园里的花园就是这方面的实例——借《老实人》传达的进步的管理理念。这些花园可不仅是启蒙的象征，它们本身就是启蒙。1735 年，买下费尔奈庄园之前，这位作家来到西雷建了一栋房子，那是他当时的情人、数学家兼科学家艾米丽·杜沙特莱在乡间的宅邸。这对恋人一起规划土地，愉快地斗嘴。1734 年，伏尔泰向诺伊维尔伯爵夫人抱怨道:"她在我种榆树的地方种上了酸橙,又把我的菜地变成了花园。"这是一种独立的方式,也是一种利他主义的改良,在艾米丽不幸早逝后,很长时间内,伏尔泰一直坚持这一点。1755年,伏尔泰和他的新伴侣(也是他侄女)丹尼夫人搬进了日内瓦的"乐园"。他们立即着手打造花园,种下了鲜花和香草,在温室里种了芦笋和洋蓟,还种了苹果、桃子和梨。对于这位地主来说,这不仅仅是一种娱乐,更是一种为自己和他人负责的方式。他不仅仅把自己描绘成一个自由作家或掌权的国王,还把自己描绘成一个慷慨的长者。1755年春天,伏尔泰带着几分对教会的讽刺写道:"在这里,我终于过上了主教的生活。"甚至对卢梭这个备受他挖苦的人,他也提出愿意让他来享受乐园的舒适:自由、柔软的青草,还有"牛奶"(谁都猜得到,卢梭对此表示了拒绝)。

在费尔奈和图尔奈(五千米外的姊妹庄园),伏尔泰变得更加勤劳了。按照自己的承诺,他抽干沼泽地的水、给田地施肥、播种、种植葡萄。他最终将庄园里的许多收获都摆上了自家宴席,用来招待他络绎不绝的宾客。1763年,历史学家爱德华·吉本拜访伏尔泰之后这样写道:"在历史上或者传说里,也找不出这样的人物来,一位年过七旬的著名诗人,在自己的戏剧中扮演角色,并以一场百人晚宴和舞会作为谢幕,在此二者中,我认为后者更为意义非凡。"(这位《罗马帝国衰亡史》

的作者或许对宴会颇为了解。）伏尔泰甚至在费尔奈庄园附近留了一块土地，由他自己亲自打理，那块地被称为"伏尔泰先生的自留地"。在那里，规则式园林得到了精心打理，还有种着橡树、菩提树和白杨树的绿地，以及这位地主的藤架凉棚，附近则养着蚕（他的很多丝绸帽子可能就是从那儿来的）。

与他对司法改革和人权的追求一样，费尔奈和图尔奈也是伏尔泰与"害虫"作斗争的重要组成部分——这个运动是要让他的法国比他发现的更好。假如国王路易十五和腓特烈大帝忙于帝国战争和牟取暴利，无暇改善他们治下的领土，至少伏尔泰会把自己的领土照料好。

2. 自然的声音

从这个意义上说，花园成了伏尔泰道德工程的象征和范例，而且它们也激励着他继续努力。为了做到这一点，它们向伏尔泰展示了大自然的复杂和宏伟。作为一名自然神论者，伏尔泰为"智慧设计论"的观点折服：如此优雅的宇宙绝非偶然之作。他在《哲学辞典》中写道："这个世界无疑是一部令人钦佩的机器，因此世上必定存在着一种令人钦佩的智慧。"于是，在费尔奈的田野上，在一次次日出时分，伏尔泰看见了一个更加深刻的模式：既不是教会教义的启示，也不是国王神圣权力的启示，而是神圣的美与智慧的启示。而这种看见，反过来又传达了一种善意和责任的信息：对一个神圣但不完美且难以预测的宇宙心怀善意与责任。它不是所有可能的世界中最好的一个，不是"一切都好"，但它设计得很好，也适合修修补补。通过智慧、努力和善意，它就能变得更好。1763 年，伏尔泰在《论宽容》一书中总结了这一哲理，以大自然的口吻表达了自己的信条：

> 我已赐给你们耕耘大地的力量，也给了你们一丝理智的光芒引领前行；我已在你们心中植入慈悲的元素，使你们在生命历程中相辅而行。

以这样的方式冥思自然，伏尔泰因感动而继续进行他的改革；尽管他视力下降，牙齿和消化能力也不比从前，但他仍然在劳作。大地并未要他祈求上帝的恩典，也没因异端玄学而烧死离经叛道者。（他写道："除了对上帝的崇拜以及心灵对其永恒秩序的臣服以外，几乎一切都是迷信。"）费尔奈的田野和菩提树传递出了一个更加进步的信息：弗朗索瓦－马利，照料好你的葡萄园吧。

所以，对伏尔泰来说，安全与和平是对取得可靠和理性进步的更深远的保证，也是对获得自然产物的更深远的保证，而后者又丰富和激励了这份保证。如果说费尔奈成了这位哲学家最好的世界，那也不是因为神恩或者皇宠，而是因为伏尔泰先生就像他笔下的老实人那样，实实在在地耕耘着他的花园，而花园也反过来哺育了他。

第十三章

苏格拉底：城门口的陌生人

这里空气真新鲜！……要说最妙的，还是斜坡上厚厚的绿草，足以让你把头舒舒服服地枕在上面。

———苏格拉底，出自柏拉图《斐多篇》

尽管苏格拉底喜欢铁杉树，但他不是以喜欢植物出名的。他对他的朋友斐多说："我的老师是那些住在城里的人，而不是树木和田园。"的确，苏格拉底很喜欢大冬天里只穿一件轻便长袍在雅典城里游荡。不过，他的人生使命明显涉及了人类的利益。人的道德比生物学或物理学更重要 ——"认识你自己"，这句德尔斐神谕就出自他口。为了完善自己的思想，苏格拉底希望与自由人交谈和辩论，而不是在田野里闲逛。因此，这位哲学家很少走到城外去。他没有开办吕刻昂学园或阿卡德米学园，他一贯使用的教室就是雅典的市场。

　　不过，柏拉图记下了一段极其重要的对话，即《斐多篇》。苏格拉底在这篇对话中对花园大加赞赏。他与一片神圣树林有过片刻的亲近，证明了花园具备非凡的思想价值。

1. 苏格拉底着了魔

　　当柏拉图讲述这个故事时，苏格拉底正被他的朋友斐多哄着去城外，斐多答应要高声诵读学者吕西亚斯的一篇新文章。斐多是遵医嘱去散步的，苏格拉底则是出于好奇。他们漫步到雅典城墙外，到了伊利索斯河边的一片祭祀小树林里。学者克里斯托弗·萨克尔在《园林史》一书中指出，小树林就是古典园林的鼻祖，它们有一种原始的圣洁气息：远离城市，带着荒野气息，还常常点缀有祭坛和雕塑。

　　过去对树木与林地毫无兴致的苏格拉底，此时坐在伊利索斯河边，一种不可言喻的抒情冲动从他的心底油然而生。他的一番话让斐多目瞪口呆："我向你保证过，这儿确实是个休息的好地方。你瞧这地方又高又宽，还有这棵高大的贞椒树能给我们遮阴，这会儿花开得正盛，周围就更加香气扑鼻了。"在整个对话过程中，苏格拉底都声称自己被树林的精魂感动。他呼唤缪斯女神降临，为他的演讲助力，他还提到这里"有神临在"，让他浑身充满活力。他一度用"狂热"一词来形容自己的风格，而这个词恰好呼应了传统中酒神狄俄尼索斯启发下的诗歌，那些诗歌也往往产生于祭祀林中。

　　即使这篇对话带有典型的苏格拉底式的讽刺语调，但整个氛围是抒情的，这与他一贯冷峻的逻辑和枯燥的哲思大相径庭。斐多也是作者柏拉图的一个化身，他对物质性和感官感受常常保持警惕。例如，在《斐多篇》里，他认为灵魂被身体"引入歧途"，真正的哲学家必须尽可能地克服肉体的诱惑。

然而，在伊利索斯河岸边，他让苏格拉底被"神圣的疯狂"附身，并对柏拉图往往不屑一顾的物质世界大加赞扬——微风、蝉鸣和青草"枕头"。狂热的苏格拉底解释道，诗意降临，"抓住了一个温柔、纯洁的灵魂，并激发它进行了一种狂热的表达"。就像情人的美一样，田园的精灵可以帮助诗人一瞥终极的现实，即柏拉图所说的神圣理念，而非凡俗生活的幻想。这不是说苏格拉底就是柏拉图所说的抒情诗人，而是说，在这个"讨人厌"的老家伙和他的学生眼里，这片树林提供了一种集市和体育馆里找不到的超验的视野。这片树林以神圣的气息，激发了苏格拉底发自内心的反思。他不仅联想到了疯狂、美和真理之间的联系，还感觉到了它们本身，仿佛被附身了一样。

至于苏格拉底顿悟的确切原因，既不在此处，也不在彼处。柏拉图的阐述，其神秘色彩大于科学性，而且还带有许多现代思想家无法接受的超自然主义色彩。尽管如此，《斐多篇》仍令人赞叹地呈现了花园的哲学潜质。于苏格拉底而言，树林的美就像一个诱饵，引人遐想与冥思。斐多说，苏格拉底就像一个穿过城门的"陌生人"，第一次看到自己的城市。换言之，树林的边界鼓励着人们改变自己的想法。哲学家要做的，就是带着这种独特的感受性和敏感度，重新去审视世界。

2. 就在城门外……

在柏拉图看来，苏格拉底的着魔似乎产生了一些实际影响。大约三十年后，柏拉图在英雄阿卡德摩斯[1]的墓地附近、靠近城墙的地方建立了一座自己的学园。在柏拉图死后十多年，他的学生亚里士多德也在离伊利索斯河不远的地方开办了吕刻昂学园。正如我们所知，从古典时代以来，许多哲学家、小说家和诗人都纷纷效仿，寻找在苏塞克斯的起居室、巴塞尔大学大厅或巴黎公寓里所匮乏的东西。他们让花园成为各自的思想和艺术的伙伴，当然，这是一个沉默寡言的伙伴。

他们中的一些人，如伍尔夫、奥威尔、狄金森、奥斯汀和伏尔泰，常常在花园中弄得满手泥土；另一些人，像普鲁斯特和晚年的科莱特，则依靠想象来弥补疏离感；还有一些人，像卡赞察斯基、卢梭和尼采，则乐于进行观察和反思。这些人与柏拉图和其他人的相同之处是他们对精神生活的投入，并且他们都认识到，花园提升和丰富了他们的精神生活。两千多年来，花园让一些人看到现实世界的混乱，也让一些人凭着对自

---

[1] 阿卡德摩斯是希腊神话中帮助寻回美女海伦的农夫。他因为避免了一场战争而成为雅典的英雄，受到神灵庇佑，他的橄榄树林年年丰收，这片树林也因此得名"Akademeia"，意思是"阿卡德摩斯的果园"，后来柏拉图在这里开设自己的学园，并以此为名。英语单词"academy"就源于柏拉图创建的学园。

然神的敬畏而得到慰藉。花园能使人平静，也能给人勇气和启迪。

　　这不是说深刻的思想就要以盆景、苹果园或耙过的石头为载体，也不是说，每个栽花种草的人都可以成为亚里士多德。萨特对自然的否定表明，从事哲学工作，或者过一种自由思考的生活，并不一定非要拥有一座花园。花园只是给人提供了一个沉思冥想的特殊机会，让人从事那些活动。花园不必很大，也不必带有异国情调。尽管人们乐此不疲地谈论"庄园豪宅"，但花园的平凡就是一种美德：神秘之物从来就不遥远。花园，这位哲学的伙伴，依然在等待着我们，就像它等着苏格拉底一样，就在城门外。

参考书目

在《论阅读》(*On Reading*, Souvenir Press, 1972)一书中，马塞尔·普鲁斯特把自己描述成一个在迷宫般的篱笆中寻

找阅读角落的孩子。在"种着芦笋、草莓的地边，在池塘附近"，他能默默地读书，不被父母（或仆人）发现和打扰。

在这部特别散漫却又十分迷人的小书中，普鲁斯特有一个观点：书籍常常是为了纪念我们失去的花园 —— 我们记得的往往不是那些确切的语言，而是我们坐在哪一棵树下读的书，或者我们翻书时闻到的割过的青草香。留在我们脑海里的是一种复杂的印象：一半是文本，一半是风景。

这不是一种单向的关系。如果书中有盆景，它们也会在我们阅读时，对篇章进行修饰和润色。它们朴实无华，丰富了读者的感受，加深了共鸣。攀在我书房窗户上的常春藤，让我想起了伍尔夫待过的锡兰，而三色堇，会让人想起普鲁斯特的怀旧情结（它的花语不带有法语中的隐藏含义[1]）。尽管我不信神，但我们前院的山茶花一到时间就会绽放，正体现着伏尔泰的自然神论。我桌边的白掌就像叶兰，有一些奥威尔的味道。

简言之，书籍与花园一直彼此呼应，相得益彰。花园是一个颇具书卷气的空间。怀着这样的想法，我写下了一些文学评论，激发了本书的写作灵感，这些想法也贯穿在本书和我的生活中。

尽管市面上有一些关于花园哲学的书，但关于花园与现代

---

[1]　在法语中，三色堇有"思考"的意思。

哲学的好书不多。不过，大卫·库柏（David Cooper）所写的《花园哲学》（*A Philosophy of Gardens*，Oxford，2006）以其清晰的条理性和敏锐的眼光引人注目。特别是库柏的"示范"思想，为园林的特殊意义提供了很好的例证——自然和人类是相互依存的。库柏也坚信花园所鼓励的美德，他把塞尚的画作精心地印在封面上，耐人寻味。

汤姆·特纳（Tom Turner）的《园林史：公元前2000年—2000年的哲学与设计》（*Garden History: Philosophy and Design 2000BC-2000AD*，Spon Press，2005）融合了园林史、思想史以及对细节设计的敏锐眼光，他的园林设计图提供了常见的设计及其各种变形，对读者颇有裨益。这本新书价格不菲，但装帧十分精良。

克里斯托夫·塞克（Christopher Thacker）的《园林史》（*The History of Gardens*，Reed，1979）以迷人的文笔、文学化笔调和相关插图吸引读者，在旧书市场上很容易找到它。出于同样的原因，我喜欢罗纳德·金（Ronald King）的《追寻乐园》（*The Quest for Paradise*，Mayflower Books，1979）。威廉·霍华德·亚当斯（William Howard Adams）的《完美的自然》（*Nature Perfected*，Abbeville Press，1991）是一本内容和图片都更丰富、年代也更近的园林史。简·布朗（Jane Brown）的《乐园的追求》（*The Pursuit of Paradise*，Harper Collins，2000）

是一部迷人的花园社会史，书里关于军队和童年花园的章节十分吸引人。

塞克还写了一部关于英国园艺史的书：《园艺天才》(*The Genius of the Garden*, Weidenfeld & Nicolson, 1994)。此书把设计和种植的技术细节与哲学、文学潮流结合起来，文笔优美。简·费尔丽 (Jane Fearnley-Whittingstall) 的《园艺：英国人的爱情故事》(*The Garden: An English Love Affair*, Weidenfeld & Nicolson, 2002) 一书描写十分细致，是一部佳作，作者也是一位执业景观建筑师和花园设计师。约翰·狄克逊·亨特 (John Dixon Hunt) 与彼得·威利斯 (Peter Willis) 编辑的《某处的天才》(*The Genius of Place*, MIT Press, 1988) 插图一般，但它是著名英国作家（包括蒲柏、简·奥斯汀等人）亲自辑录的绝佳花园历史文献。

亚里士多德：诞生于户外的哲学

第欧根尼·拉尔修 (Diogenes Laërtius) 的《贤哲列传》(*Lives of Eminent Philosophers*, Harvard University Press, 2006) 是最早记录亚里士多德生平的著作。"洛布古典丛书"收录的版本包含了原版希腊语，由希克斯 (RD Hicks) 译成英语。不过便宜的译本市面上也很多，新旧都有。亚里士多德的作品也是如此。我参考的是"伯林根丛书"的两卷本《亚里士多德

全 集》(*Complete Works of Aristotle*, Princeton University Press,
1994), 由乔纳森·巴恩斯(Jonathan Barnes) 编辑。这套丛书
译得很好，而且囊括了亚里士多德的所有作品，很有帮助，不
过牛津和企鹅也有翻译不错且加注的便宜版本。

怀特海提到的"自然的临时法则"出自卢西恩·普莱
斯(Lucien Price) 的《怀特海语录》(*Dialogues of Alfred North
Whitehead*, Max Reinhardt, 1954)。怀特海的哲学著作有时
读起来晦涩难懂，这主要是他探讨的话题造成的，而不是他
在故弄玄虚，他的对话精彩地呈现了他所倾听和交谈的高雅
艺术。

在大卫·法雷尔·克雷尔(David Farrell Krell) 编撰的《马
丁·海德格尔：基础写作》(*Martin Heidegger: Basic Writings*,
Routledge, 1993) 一书中，《艺术作品的起源》一文对"自然"
进行了清晰的描述。无独有偶，海德格尔也在本书中探讨了
塞尚。

大卫·库柏把海德格尔的观念引入了自己的作品。柯林
伍德所著(R. G. Collingwood) 的《自然的观念》(*The Idea of
Nature*, Oxford, 1960) 对古希腊的自然历史进行了更清晰的
回顾。这两本书的新书和二手书都比较容易找到。

罗伯托·卡拉索(Roberto Calasso) 的《卡德摩斯与和谐
的婚姻》(*The Marriage of Cadmus and Harmony*, Vintage, 1994)

精彩地论述了神话与现实、外表与假象以及艺术的本质（还有其他事物）。

简·奥斯汀：乔顿农庄的慰藉

对简·奥斯汀日常生活的描述来自她的侄子詹姆斯·奥斯汀·雷（James Austen Leigh）撰写的《简·奥斯汀回忆录》（*A Memoir of Jane Austen*，Wordsworth，2007）、戴尔德勒·勒费伊（Deirdre le Faye）搜集和编辑的《简·奥斯汀书信集》（*Jane Austen's Letters*，Oxford，1996），以及奥斯汀的传记。这些文献中我参考最多的是乔恩·斯彭斯（Jon Spence）所著的《成为简·奥斯汀》（*Becoming Jane Austen*，Hambledon & London，2003）和克莱尔·托马林所著的《简·奥斯汀的一生》（*Jane Austen: A Life*，Penguin，2000）。斯彭斯仔细地追溯了奥斯汀的浪漫生活，讲述了一个比较可信又十分感人的故事，包括她从妩媚的年轻女孩成长为成熟作家的过程。托马林描绘了奥斯汀的生活和时代的宏大图景，又呈现出十足的共鸣和足够的细节描绘。大卫·塞西尔（David Cecil）所著的精致插图版《简·奥斯汀传》（*A Portrait of Jane Austen*，BAC，1978）对奥斯汀和她的时代进行了一番速写。

奥斯汀小说的版本太多，几天都读不完。我有 2003 年收藏家图书馆出品的珍藏版。休·汤姆森（Hugh Thomson）所画的插画非常美，要是不那么花哨，书再轻点、小一点、结实点，能够随身携带或作为睡前读物就完美了，不过可以根据预算购买不同大小和版本的奥斯汀作品。

关于奥斯汀的接受史，赖恩·索瑟姆（Brian Southam）编著的《简·奥斯汀》（*Jane Austen*，Macmillan，1976）是一部详尽的评论著作，还包含了一些明显失败的评论。吉尔伯特·赖尔（Gilbert Ryle）一篇影响巨大的论文被收录在同样由索瑟姆编撰的《简·奥斯汀评论》（*Critical Essays on Jane Austen*，Routledge & Kegan Paul，1978）中。

亚历山大·蒲柏的诗歌有很多精装本、平装本和网上的电子书。《人人》（*Everyman*，1969）是蒲柏的一部诗歌集，书做得很结实，由杜白瑞（Bonamy Dobrée）编辑并做了诗人介绍，不过我也有便宜的 Kindle 版。即使在今天看来，蒲柏翻译的《荷马史诗》也十分出色。梅纳德·麦克（Maynard Mack）所著的《亚历山大·蒲柏的一生》（*Alexander Pope: A Life*，WW Norton，1986）对蒲柏的生活、作品和时代进行了全面的描述，麦克对英国宗教背景的描述特别给人启发。乔治·弗雷泽（George Fraser）的《亚历山大·蒲柏》（*Alexander Pope*，Routledge & Kegan Paul，1978）对蒲柏的道德家身份做了简明的论述。约翰·巴纳德（John Barnard）编辑的《蒲柏：重要遗产》（*Pope: The Critical Heritage*，Routledge & Kegan Paul，

1973）一书更全面地阐释了蒲柏的道德家身份。

普鲁斯特：盆景与逝水年华

普鲁斯特的家庭和生活习惯的细节，大多来自他的管家塞莱斯特·阿尔巴雷（Céeast Albaret）所著的《普鲁斯特先生》（*Monsieur Proust*, Collins & Harvill, 1976）一书。阿尔巴雷对她的雇主很忠诚，也许对他的性取向有些幼稚的看法，但她是关于普鲁斯特的居所和日常生活的宝贵信息来源。

让-伊夫·塔迪耶（Jean-Yves Tadié）的《马塞尔·普鲁斯特的一生》（*Marcel Proust: A Life*, Viking, 2000）是一本里程碑式的传记，对普鲁斯特和他所处的时代进行了一番全景式的展现。乔治·佩特（George D Painter）的两卷本《马塞尔·普鲁斯特》（*Marcel Proust*, Penguin, 1977）虽没有塔迪耶书中最新的研究成果，却对普鲁斯特进行了一番大胆而富有戏剧性的描述。理查德·巴克（Richard Barker）的《马塞尔·普鲁斯特》（*Marcel Proust*, 1958）语言清晰简洁，但缺乏塔迪耶对史实的把握，也缺乏佩特敏锐的心理描写。关于年轻的普鲁斯特和玛丽·诺德林格之间的关系，普雷斯特维奇（PF Prestwich）的《记忆的翻译》（*The Translation of Memory*, Peter Owen, 1999）是一部引人入胜的书。

埃德蒙·怀特（Edmund White）所著的《普鲁斯特》

（*Proust*，Weidenfeld & Nicolson，1999）是所有普鲁斯特生平和作品评传中写得最好的一部，是"人生"系列中的一本，该系列也包括简·奥斯汀、圣奥古斯丁和其他许多杰出人物的传记。

用普鲁斯特自己的话来说，《追忆逝水年华》仍然是一部现代经典，别具一格地将回忆录、小说、心理学和哲学融为一体。我家里有一套装帧精美但十分沉重的三卷本（Chatto & Windus，1982），但企鹅版更小巧轻便、更便宜，也更容易找到。《普鲁斯特书信集》（*Letters of Marcel Proust*，Helen Marx Books，2006）收录了他的各种通信。他的非虚构作品，包括《驳圣伯夫》中的文章，可以参考《马塞尔·普鲁斯特论艺术和文学：1896—1919》（*Marcel Proust on Art and Literature: 1896–1919*，Meridian Books，1958）。

伍尔夫夫妇：蒙克屋的苹果树

伦纳德·伍尔夫漫长而坚忍的一生的细节和引文，大多出自他才华横溢的五卷本回忆录，由霍加斯出版社出版，分别是《播种》（*Sowing*，1961）、《生长》（*Growing*，1964）、《重新开始》（*Beginning Again*，1965）、《每况愈下》（*Downhill All the Way*，1967）和《重要的是旅途而不是抵达》（*The Journey Not the Arrival Matters*，1969）。由弗雷德里克·斯波茨（Frederick

Spotts）编纂的《伦纳德·伍尔夫的书信集》(*The Letters of Leonard Woolf*, Harcourt Brace Jovanovich, 1989）也是一部讲述他生平和时代的好书。维多利亚·格兰丁宁（Victoria Glendinning）的《伦纳德·伍尔夫传》(*Leonard Woolf: A Biography*, McClelland & Stewart, 2006）是讲述伍尔夫生平的一个较短版本。

伍尔夫的第一部小说《丛林里的村落》(*The Village in the Jungle*, The Hogarth Press, 1971）新书及二手书都很难找到，不过我在英国的网上淘到一本品相不错的。

关于弗吉尼亚·伍尔夫和伦纳德·伍尔夫的婚姻，乔治·斯派特（George Spater）和伊恩·帕森斯（Ian Parsons）的《真实思想的联姻》(*A Marriage of True Minds*, Jonathan Cape & The Hogarth Press, 1977）是对他俩非凡婚姻关系的礼赞，书中提供了许多家庭照。安妮·奥利弗·贝尔（Anne Oliver Bell）编辑的五卷本《弗吉尼亚日记》(*Virginia's diaries*）由企鹅出版社于1977—1984年出版，本身也是对他们日常生活和文学创作的真切写照。至于弗吉尼亚那些才华洋溢的书信，奈杰尔·尼科尔森（Nigel Nicolson）编纂过六卷书信集，1975—1982年由乔万诺维奇出版社出版。赫敏·李（Hermione Lee）所著的《弗吉尼亚·伍尔夫传》(*Virginia Woolf*, Chatto & Windus, 1996）作为参考书去读，则可矫正伦纳德更个人化叙述的偏颇。

尼采：思考的柠檬树

尼采的"思考树"的提法来自柯蒂斯·凯特（Curtis Cate）的《尼采传》（*Friedrich Nietzsche: A Biography*，Pimlico，2003）。作者以非常流畅清晰的文笔讲述了尼采的观点和学术生涯，讲述了一个好故事。而吕丁格尔·萨凡斯基（Rüdinger Safanski）的《尼采：一部哲学传记》（*Nietzsche: A Philosophical Biography*，Granta，2003）则以更冷静的笔调讲述了一个颇有启发性的故事。著名的尼采译者霍林代尔曾写过《尼采其人与其作品》（*Nietzsche: The Man and His Work*，Routledge & Kegan Paul，1965），这本书语言朴实易懂，讨人喜欢（当时许多评论尼采的著作，要么晦涩难懂，要么溜须拍马）。

在众多评论中最值得一读的是沃尔特·考夫曼（Walter Kaufman）的《尼采：哲学家、心理学家和反基督者》（*Nietzsche: Philosopher*，*Psychologist*，*Antichrist*，Princeton University Press，1974），本书跟它第一次出版时一样，依然具有启发性和挑战性。

尼采的书和论文由企鹅出版社出版过很多版本，价格低廉，通常都是霍林代尔的译本。剑桥大学也出版过尼采的著作，属于"剑桥大学哲学史丛书"，一般都附有实用的注释和评论。尼采作品中最具挑衅性和趣味性的是他的笔记，由沃尔特·考夫曼编纂以《权力意志》（*The Will to Power*，Vintage，1968）为题出版。我手头的这本很脏了——这是我反复阅读的证明，而不是装订质量不好。考夫曼翻译的《快乐的科学》（*The Gay Science*，Vintage，1974）也很出色。

尼采的书信，可能在上一页读来还满心欢喜，到下一页就感觉垂头丧气了，不过依然引人入胜。克里斯托弗·米德尔顿（Christopher Middleton）编译了《尼采书信选》（*Selected Letters of Friedrich Nietzsche*，University of Chicago Press，1969）。通过一则二手书广告，我买到了美国作曲家大卫·戴蒙德（David Diamond）手头的书，里面有一些精彩的旁注。（尼采在都灵看到一个马车夫正在抽打他的马，于是他崩溃了。就在这段内容的旁边，戴蒙德有一段批注："我要把这马车夫的嘴巴鼻子打开花。"）

科莱特：欲望与玫瑰

朱迪思·瑟曼的《肉体的秘密：科莱特传》（*Secrets of the Flesh: A Life of Colette*，Bloomsbury，2000）是介绍科莱特生平（和食欲）的一部佳作。瑟曼生动地让读者感受到了科莱特的恶名，既无淫秽细节描写，也无意为其辩护。赫伯特·洛特曼（Herbert Lottman）的《科莱特传》（*Colette: A Life*，Minerva，

1991）更短、更戏剧化，当然也更有趣。1986 年 6 月 1 日的
《纽约时报》刊登了格尔曼·格里尔（Germaine Greer）的《花
之爱》（*Love of Blooms*）一文，精辟地阐述了科莱特对植物
"萌芽与凋零"的喜爱。

1966 年企鹅出版社出版的《我母亲的家》和《茜多》是
科莱特对童年生活的反思。在《人间天堂》（*Earthly Paradise*，
Farrar，Straus & Giroux，1966）中，编辑罗伯特·菲尔普斯汇
集了科莱特的自传和对报刊文章的摘录。作为一本传记，它有
局限性，但作为一本科莱特的写作与思想入门书还是很不错
的。科莱特关于花卉、草本植物和花园的作品，收录在菲尔普
斯编纂的《花与果》一书中（*Flowers and Fruit*，Farrar，Straus
& Giroux，1986）。

塞克与沃伯格出版社推出了统一开本的科莱特作品集，其
中收录了经典的《克罗蒂娜在学校》（*Claudine at School*，1956）
和《琪琪猫》（*Gigi/The Cat*，1958）。

叔本华的《作为意志和表象的世界》（*World as Will and
Idea*）有好几个版本，但是大卫·伯曼编纂的 1995 年人人文库
版的可读性很强，也容易找到。

卢梭：植物学的忏悔

虽然两个世纪过去了，卢梭的《忏悔录》（*Confessions*，

Penguin，1984）仍是一部惊世之作。作者的自恋妄想有一种天真而奇特的魅力，而且他文笔优美、朴素而大胆，他还有挖掘奇闻逸事的本事。《一个孤独漫步者的遐想》（*Reveries of the Solitary Walker*，Penguin，2004）更偏执、更抒情，而且篇幅更短。

卢梭的大部分哲学和政治著作都由企鹅出版社出版，不过我更喜欢扎实的人人文库的《社会契约论》（*The Social Contract/ Discourses*，1966）和《爱弥儿》（*Émile*，1966），我喜欢这个版本的编排和排版。我在文中对这两本书都有所引用。"剑桥政治思想史"丛书也收录了卢梭的论文和随笔，并附有评注、注释，以及卢梭对同时代人的反击。

卢梭的《植物学：一门出于纯粹好奇心的研究》（*Botany: A Study of Pure Curiosity*，Michael Joseph，1979）是他给埃蒂安·德莱塞尔夫人的书信集，这本书中的卢梭表现得最冷静、最有耐心且循循善诱。这个版本中还有精美的插图，由比利时绘画大师、玛丽·安托瓦内特（Marie Antoinette）[1] 的宫廷画家皮埃尔－约瑟夫·雷杜德（Pierre-Josef Redouté）所绘。

至于卢梭的生平，莫里斯·克兰斯顿（Maurice Cranston）的三卷本传记：《让－雅克》（*Jean-Jacques*，1982）、《高贵的

---

[1] 法国路易十六的王后。

250

野蛮人》(*The Noble Savage*，1991) 和《孤独的自我》(*The Solitary Self*，1997)，以其丰富细节和宽容的态度吸引读者。赫伊津哈 (J. H. Huizinga) 所著的《卢梭：白手起家的圣人》(*Rousseau: The Self-Made Saint*，Grossman Publishers，1976) 这本传记对卢梭批判得更直接，不过这也是对卢梭自负性格的一种矫正。

乔治·奥威尔：手持镰刀，颠沛流离

由彼得·戴维森 (Peter Davidson) 编纂的《奥威尔日记》(*Orwell: Diaries*，Harvill Secker，2009) 记录了奥威尔的生活琐事。这些日记中除了社会、政治和经济方面的内容外，还有规律地记录了奥威尔在朱拉岛打理花园的情形，而且内容主要关于他的劳作 (例如，1947 年 9 月 10 日："清除了倒挂金钟的残根。")，但也生动地描绘了奥威尔在岛上的生存状态 (以及实验)。

奥威尔的传记有杰弗里·迈耶斯的《奥威尔传：冷峻的良心》(*Orwell: Wintry Conscience of a Generation*，WW Norton & Company，2000)，作者对奥威尔十分宽容，但对他破坏性的本能也进行了恰到好处的批评。大卫·列贝多夫 (David Lebedoff) 的《同一个人》(*The Same Man*，Scribe，2008) 是一部独特的传记，记录了奥威尔和伊夫林·沃 (Evelyn Waugh)

两人的一生，作者做了大量的研究，文笔优美，对人物充满同理心，并且能敏锐地挖掘奇闻逸事。

奥威尔的报刊文章和评论跟弗吉尼亚·伍尔夫最优秀的作品一起位列 20 世纪最优秀的文学作品中，也成为现代散文的典范。索尼娅·奥威尔（Sonia Orwell）和伊恩·安格斯（Ian Angus）把这些文章与他的书信一起编纂成四卷本，1970 年由企鹅出版社出版。该社还出版了《巴黎伦敦落魄记》（*Down and Out in Paris and London*，1970）和《缅甸岁月》（*Burmese Days*，1978），还有奥威尔的小说，包括《让叶兰在风中飞舞》（*Keep the Aspidistra Flying*，2010）。这些作品无论是新书还是二手书都很好买到，不过一般都不是合集。

我手头的这本《1984》（*1984*，Chancellor Press，1984）是与《动物农庄》的合订本。奥威尔的书今天依然畅销的一个好处是，读者在书籍的重量、价格和版式上有更多选择的余地。也许二手书店就像奥威尔抱怨的那样，冷冰冰、脏兮兮、灰扑扑，但那里的确有很多他的优秀作品，而且价格低廉。

艾米莉·狄金森：可能的疆域

艾米莉·狄金森的诗歌一直很受欢迎，特别是在美国，因此她的诗集在许多书店都有出售，无论新旧，而且还有更方便、廉价的电子书。不过标准版更忠实原作、更完整。最近的标准版是由 R. W. 富兰克林（R. W. Franklin）编纂的《艾米莉·狄金森诗集：阅读版》（*The Poems of Emily Dickinson: Reading Edition*，2005），这是富兰克林早期加注版的缩减版。阅读版收录了狄金森的所有诗歌，对狄金森当年的格式和标点一点都没有改动。约翰逊（Thomas Johnson）编纂的全集年代更早，也很权威，1976 年由费伯－费伯出版社出版。

狄金森的书信往往和她的鲜花一起寄出去，她的标准版书信集是约翰逊和西奥多拉·沃德（Theodora Ward）合编的两卷本《艾米莉·狄金森书信集》（*Letters of Emily Dickinson*，The Belknap Press，1958）。托德夫人（Mabel Loomis Todd）也编了一部价格便宜但可信度稍低的书信集，2003 年由丹佛出版社出版。用她自己的话来说，这本书依然能让人对诗人的生活和思想有很好的了解。

阿尔弗雷德·哈贝格（Alfred Habegger）的《我的战争都埋在书里：艾米莉·狄金森传》（*My Wars Are Laid Away in Books: The Life of Emily Dickinson*，The Modern Library，2001）是一部极好的传记，它以引人入胜的文笔和深刻的洞察力，精彩地呈现了诗人的一生。林德尔·戈登（Lyndall Gordon）所著的《我的生命是一支上了膛的枪》（*Lives Like Oaded Guns*，Virago Press，2011）则展示了狄金森的遗产和公共声誉是如何因持续的家庭纷争而改变的。朱迪思·法尔所著的《艾米莉·狄金森的花园》(*The Gardens of Emily Dickinson*，Harvard University Press，2004）是一部关于狄金森及其花园的佳作，不仅讲述了诗人的园艺生活，还讲到了花园与狄金森的诗歌、社交和思想的关系。

卡赞察斯基：枯山水与生命

尼科斯·卡赞察斯基充满好奇心，热衷旅行，他给第二任妻子埃莱妮写了很多信，抒发了很多感想，她把这些文字和其他文章收集起来，加上自己的评论，写成了一本《尼科斯·卡赞察斯基传》(*Nikos Kazantzakis: A Biography Based on his Letters*，1968）。他在旅行中也写了大量的文章，包括《日本、中国纪行》(*Japan China*，Simon & Schuster 1963）、《英国纪行》(*England*，Cassirer，1965）、《西班牙纪行》(*Spain*，Simon & Schuster，1963）和《旅程》(*Journeying*，Little，Brown & Co.，1975）。他在日本和中国的经历也被作为小说素材写进了《岩石花园》(*The Rock Garden*，Simon & Schuster，1963）。这些书很难买到全新本了，但是网上可以买到二手书。

《奥德赛：现代续篇》(*The Odyssey: A Modern Sequel*，Secker & Warburg，1959）是卡赞察斯基过程哲学的诗化表达。这本书由基蒙·弗里亚尔（Kimon Friar）翻译，最全面地表达了卡赞察斯基的思想。西蒙与舒斯特出版社在1958年推出了一个价格低廉的平装本，很容易买到。卡赞察斯基的朋友，克里特作家潘德丽斯·普雷韦拉基斯（Pandelis Prevelakis）针对这首诗写了一部既有批判性又表达赞同的专著——《卡赞察斯基和奥德赛》（*Nikos Kazantzakis and The Odyssey*，Simon & Schuster，1961）。

卡赞察斯基在他的《上帝的救主》（*The Saviors of God: Spiritual Exercises*，Simon & Schuster，1960）一书和自传体小说《写给格列柯的报告》（*Report to Greco*，Simon & Schuster，1965）的部分章节中简略叙述了他的哲学思想。这部杰出的自传体小说可与某些哲学经典，如卢梭的《忏悔录》相媲美。

彼得·比恩（Peter Bien）的两卷本《精神的政治》（*Politics of the Spirit*，Princeton University Press，1989 & 2007）在记录卡赞察斯基的生活和工作方面做出了巨大贡献。该书考察了作者的思想、政治、艺术及其相互关系，历经数十年的研究，呈现了一个真实可信的卡赞察斯基形象。这本书读起来并不轻松，但也引人入胜。

让-保罗·萨特：栗树与虚无

萨特的《恶心》（*Nausea*，Penguin，1965）不是一部系统的论著，但它比《存在与虚无》（*Being and Nothingness*，Philosophical Library，1956）对存在主义介绍得更好。并不是

说萨特的那本巨著就是很糟糕的哲学书，它内容非常好。主要是作者写得很糟，无法带领读者领略存在主义的变革性世界观。说到这里，《存在与虚无》单单是关于黏液的叙述就值得认可了，更不用说作者对自由意志的辩护了。

《存在主义是一种人道主义》一文收录在韦德·巴斯金（Wade Baskin）主编的《存在主义论文集》（*Essays in Existentialism*，Citadel Press，1974）中，该书还收录了其他短文和摘录。萨特对雕塑家阿尔贝托·贾科梅蒂（Alberto Giacometti）的评论文章令人过目不忘，它描述了雕像给人的"承诺"，即无法企及的坚固性。

罗纳德·海曼（Ronald Hayman）的《萨特传》（*Writing Against: A Biography of Sartre*，Weidenfeld & Nicolson，1986），巧妙地将哲学、政治和个人生活相融合，描绘出一幅宏大的画卷。萨特的自传《词语》（*Words*，Hamish Hamilton，1964）写得有些偏颇，但同样吸引人。伯纳德·亨利·莱维（Bernard Henri Lévy）的《萨特：二十世纪的哲学家》（*Sartre: The Philosopher of the Twentieth Century*，Polity，2003），对萨特的生活、工作和时代进行了饱含启发性和智慧的研究。莱维特别揭示了萨特为捍卫自由而逃离自我的渴望。

根据萨特在第二次世界大战时的日记，在三十多岁时，他面临着无聊、阶级政治和战争的荒谬。这些日记还揭示了萨特哲学发展到《存在与虚无》的过程，包括对海德格尔、真实性和历史的注释，收录在他的养女阿莱特·艾卡姆·萨特（Arlette Alkaïm-Sartre）编辑的《让－保罗·萨特战时日记：1939年11月—1940年3月》（*The War Diaries of Jean-Paul Sartre: November 1939–March 1940*，Pantheon Books，1984）一书中。

　　萨特的一些书信和他的小说一样生动、深刻、有趣。他最好的作品多见于波伏娃编的《我流放的见证：萨特给波伏娃的信（1926—1939）》（*Witness to My Exile: The Letters of Jean-Paul Sartre to Simone de Beauvoir 1926–1939*，Charles Scribner's，1993）。她的回信见昆顿·霍尔（Quinton Hoare）编辑的《致萨特的信》（*Simone de Beauvoir: Letters to Sartre*，Vintage，1992）。他们早期的爱情与友谊，包括萨特在勒阿弗尔期间的日子，都记录在波伏娃的自传《岁月的力量》（*The Prime of Life*，Penguin，1981）中。黑兹尔·罗利（Hazel Rowley）为两人写的传记《面对面》（*Tête-à-Tête*，Chatto & Windus，2006）对他们的工作情况着墨并不多，但浓墨重彩地写了他们浪漫而又残酷的情感生活。该书还显示了波伏娃在他最需要她的时候对他不离不弃。

伏尔泰：所有庄园中最好的一座

这一章最初受到了 2005 年 3 月 7 日《纽约客》上一篇优美散文的启发——亚当·戈普尼克（Adam Gopnik）的《伏尔泰的花园》（*Voltaire's Garden*）。

约翰·皮尔森的《全能的伏尔泰：追求自由的一生》（*Voltaire Almighty: A Life in Pursuit of Freedom*, Bloomsbury, 2005）这本书，充分描绘了伏尔泰的时代、个性和思想。皮尔森揭示了这位伟大作家的过失和人际关系，无尖刻讽刺之语，也非野史闲谈。理查德·奥尔丁顿（Richard Aldington）的《伏尔泰传》（*Voltaire*, chartto & Windus, 1935）一书缺乏皮尔森版本的深度和广度，但是文辞机智而精辟。

艾耶尔（A. J. Ayer）在《伏尔泰》（*Voltaire*, Weidenfeld & Nicolson, 1986）中对伏尔泰的哲学思想和辩论进行了犀利的评析，大胆地评判了伏尔泰的文学作品（"伏尔泰的悲剧是情节剧，就像煮过头的蛋奶酥一样，变得软趴趴的"）。

伏尔泰的文学和哲学著作有法文版和翻译版，包括纸质版和电子版。1962 年人人文库推出了包含《老实人》（*Candide*）和其他故事的合集，不过 1930 年，三塞壬出版社就发行了引人注目的单行本，配有玛伦·布莱恩（Mahlon Blaine）的插图。《袖珍哲学词典》（*A Pocket Philosophical Dictionary*, Oxford,

2011）的版式看着很舒服，还包含了两张当代画师所绘的伏尔泰肖像。我也有一本免费的电子版，没有导言和附录，但翻译不错，还可以快速检索。我手上伏尔泰的《哲学通信》（*Philosophical Letters*，Hackett，2007）也是电子版的，不过企鹅出版社 1980 年出版的平装本并不难找到，书名是《英国书简》。

苏格拉底：城门口的陌生人

柏拉图的对话录有很多好版本。我有伊迪丝·汉密尔顿与亨廷顿·凯恩斯合编的《柏拉图对话集》（*Collected Dialogues*，Princeton University Press，1996）。该书包含作者信札和出色的索引。不过柏拉图的作品有大量廉价的新、旧平装本和电子书。出门在外的时候，我还买了一本电子版的柏拉图和亚里士多德选集，比一杯咖啡还便宜。

致谢

我再次感谢伊丽莎·伯格，是她委托我撰写这本书的，并感谢她在编辑方面的慷慨帮助。她毫不吝惜对我说"以下都是废话"，这句话十分精确。感谢萨莉·希斯的建议、莎拉·贝利的精彩文案、佩内洛普·怀特的编辑指导，以及特里莎·加纳设计的漂亮封面。

很高兴与插画家丹·基廷再次合作，这是艺术与才思难得的结合。

感谢来自时代精神传媒的本尼森·奥德菲尔德，还有伊恩·布里顿、克里斯托弗·劳伦斯和玛格丽特·康诺利，感谢你们及时的建议和反馈。感谢格莱恩·戴维斯的鼓励，也感谢桑德拉·普莱斯，是她建议我写了科莱特这一章。

感谢维多利亚艺术中心和墨尔本大学的学者和研究人员写作中心提供的财务资助。也感谢西蒙·克莱斯一直以来的支持。

感谢澳大利亚简·奥斯汀协会和墨尔本简·奥斯汀协会，

让我在如此热情的观众面前献上了奥斯汀这一章。尤其要感谢苏珊娜·富尔顿、安德烈亚·理查兹和已故的绅士、学者乔恩·斯彭斯。

以下人员慷慨地提供了技术方面的信息：维克特拉克公司的卡尔·凯尔森和迈克·布莱克本，墨尔本大学资产和校园服务部的安德鲁·盖伊，怀特霍斯市议会的树艺师格雷格·米切尔，也感谢艾玛·达尔文告诉我她对圣詹姆斯公园的印象。

感谢明尼阿波利斯艺术学院首席装饰艺术策展人艾克·施密特，他翻译了雅各布·比约恩斯塔尔的作品。同样感谢克里斯·安德鲁斯博士转给我普鲁斯特的诺阿伊评论译文，感谢大卫·莱瑟巴罗教授富有启发性的沙夫茨伯里研究，感谢克里特岛卡赞察斯基博物馆的瓦瓦拉·察卡提供的卡赞察斯基的图片。

在这段哲学与文学之旅中，大卫·莱比道夫一直是我很好的伙伴，总有一天我们会真正会面的。

感谢我的父母和岳母在我在咖啡馆写作时照顾孩子，感谢他们的慷慨帮助。

尼科斯和索菲娅在我写作的最后几周少了我的陪伴，孩子们，我很快就会回家，去教室和幼儿园陪着你们。我亲爱的妻子鲁斯，谢谢你的爱与信任以及丰富的学识，也感谢你给草坪除草。